BORKUM

Havarien, Hoffnungen, Helfer

Schiffsunglücke in der Emsmündung und vor Borkum

Jens Bald

Rumeln Maritim

Titelbild:
Motorrettungsboot Borkum
Station Borkum (1945-1957)
Station Wangerooge (1957-1959)
Station Wilhelmshaven (1959-1963)
anschließend an Fa. von Essen, Rastede, verkauft
(Archiv DGzRS)

Rückseite: Die 2011 vor der Promenade gestrandete Nordland (Familie Wolff)

Karte Vorsatz / Nachsatz (R. W. Feldmann)
Vorsatz links (Archiv DGzRS - Wilhelm Esmann)
Vorsatz rechts (Foto Akkermann)
Nachsatz links (Archiv Heimatverein)
Nachsatz rechts (Jens Bald)

Verlag Rumeln Maritim
Jens Bald
Annenstraße 33
20359 Hamburg

info@rumeln-maritim.de
www.rumeln-maritim.de

Gesamtherstellung: Geli Maaß, Hamburg
Druck: Druckerei Sollermann, Leer / Ostfriesland

2. Auflage
ISBN: 978-3-00-061431-6

Inhalt

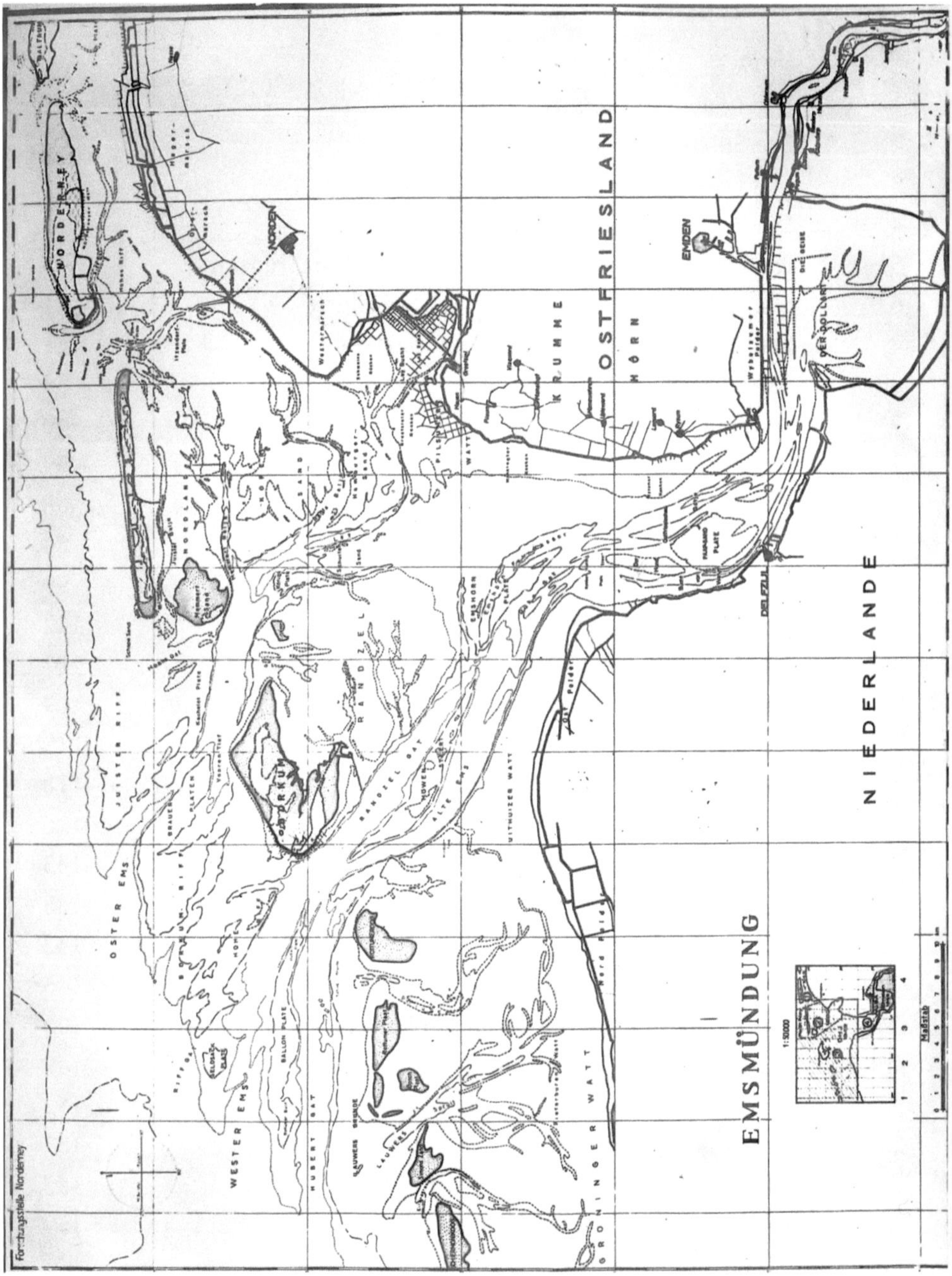

Die Emsmündung (R. W. Feldmann)

1. Vorwort

„Immer eine Handbreit Wasser unter dem Kiel" wünscht die Taufpatin dem Schiff, bevor es vom Stapel läuft. Und meist geht dieser Wunsch auch in Erfüllung, denn die moderne Schifffahrt unserer Tage ist zwar durch einen erheblichen Kosten- und Zeitdruck geprägt, andererseits aber auch durch hohe Sicherheits- und Umweltstandards. Durch die satellitengestützte Navigation per GPS und elektronischer Seekarte ist genauestes Navigieren möglich. Potentielle Kollisionsgegner können mit dem Radar ausgemacht werden, und über Funk treten sich begegnende Schiffe in Kontakt, um ihre Manöver miteinander abzustimmen. Dadurch ist zwar die Anzahl der Havarien zurückgegangen, aber mit der zunehmenden Schiffsgröße – heutzutage verkehren auch in deutschen Häfen Containerschiffe mit einer Stellplatzkapazität von bis zu 20.000 Standardcontainern (20 Fuß) – sind die Folgen einer Havarie unvorhersehbar. Der Schiffsverkehr vor der Insel Borkum hat in den letzten Jahren stark zugenommen. Ein Grund dafür sind die aufwendigen Offshore Windparkinstallationen und der damit verbundene Verkehr von Spezialschiffen für den Bau und die Instandhaltung der Anlagen.

Ein weiterer Grund ist die Entwicklung der niederländischen Küste zum Industriegebiet. Für den Betrieb der Kohlekraftwerke in Emden und Delfzijl musste die Ems vertieft werden, damit die Kraftwerke mit Kohle versorgt werden können. Daher verkehren nach vielen Jahrzehnten wieder große Massengutfrachter (Bulker) in der Emsmündung. Zur Sicherstellung der Wassertiefen werden Hopper eingesetzt, die immer häufiger in dem Revier unterwegs sind.

Trotz des technischen Fortschritts steht der Mensch jedoch immer noch im Mittelpunkt der Schiffssicherheit. Durch die Reduzierung der Schiffsbesatzungen ist die Arbeitsbelastung für jedes einzelne Mitglied an Bord stark angestiegen. Das Zusammenleben auf engstem Raum und der Umgang mit Menschen verschiedenster Nationalitäten machen den Bordbetrieb heute nicht leichter. Missverständnisse und mangelnde Absprachen können die Vorteile modernster Kommunikationsmittel zunichte machen.

Die Seefahrer des Mittelalters konnten von den späteren technischen Errungenschaften nur träumen. Entsprechend groß war die Zahl der Havarien, wobei der Verlust von Menschenleben damals als Gottesurteil angesehen wurde. Erst mit der zunehmenden Bedeutung des internationalen Warenhandels haben die großen Seefahrtsnationen begonnen, die Schifffahrtswege sicherer zu gestalten.

Der Hopperbagger Charlock spülte 2017 am Borkumer Strand Sand auf (Jens Bald)

Die größten Fortschritte wurden aber erst im 19. Jahrhundert gemacht. Die Gesellschaft nahm den Verlust von Menschenleben nun nicht mehr einfach hin und machte sich die rasante technische Entwicklung dieser Jahrzehnte zunutze, so dass erstmals Schiffbrüchigen geholfen werden konnte. Noch vor etwa 200 Jahren waren die Leuchtfeuer an den Küsten recht primitiv; gegen Ende des 19. Jahrhunderts waren diese aber schon präzise und leistungsstarke Hilfsmittel der Schifffahrt.

Am Beispiel der Emsmündung lässt sich die Entwicklung exemplarisch darstellen. Dem aufmerksamen Insulaner und Besucher Borkums wird dies nicht entgehen. Allein die drei Leuchttürme und weitere Seezeichen der Insel zeugen von der bewegten Schifffahrtsgeschichte der Emsmündung.

Die Schifffahrt ist zum Schrittmacher unserer globalisierten Welt geworden. Weit über 90 Prozent des internationalen Warenhandels finden auf dem Seeweg statt, und die deutsche Wirtschaft ist stark vom Export abhängig. Daher wird es auch in Zukunft notwendig sein, unsere Schifffahrtswege und Küsten zu schützen und hierfür die notwendigen finanziellen Mittel bereitzustellen.

Hamburg, im März 2019 — Jens Bald

2. Die Emsmündung

Die Ems entspringt in der Senne bei Schloss Holte, Stukenbrock, fließt parallel zum Teutoburger Wald durch die westfälische Bucht und weiter durchs Emsland, bis sie nach 371 km bei Borkum in die Nordsee mündet.

Im Dollart ist der deutsch-niederländische Grenzverlauf zwischen beiden Ländern umstritten. Im Sinne guter Nachbarschaft wurde die Grenze 1960 im Ems-Dollart-Vertrag geregelt und zur Einigung etwaiger strittiger Fragen die Emskommission eingerichtet. Um den Abbau von Rohstoffen, Ausbaggerungen der Fahrrinne, sowie die Leitung des Seeverkehrs zu regeln, wurde zwischen beiden Ländern ein neuer Vertrag ausgehandelt, der 2016 in Kraft trat.

Der elektrische Leuchtturm dient nur noch als Radarturm (Jens Bald)

Das Ebbe-Flut-System der Außenems ist ständigen Veränderungen unterworfen, was die Emsmündung zu einem gefährlichen Seegebiet macht. Die Ems teilt sich vor der Insel Borkum in Wester- und Osterems. Als Hauptfahrwasser für die Schifffahrt wird heute fast ausschließlich die Westerems genutzt. Vor Borkum ragt, von See kommend, zunächst die große Sandbank Borkumriff in die deutsche Bucht hinein; auf der Ostseite der Insel erstreckt sich die Randzel-Sandbank mit einer Fläche von ca. 90 km^2. Die Südwestküste Borkums bildet mit ihrem Inselsockel die nördliche Begrenzung des Emsfahrwassers. Um dieses zu stabilisieren, muss die Küste durch ein System von Buhnen, Unterwasserbuhnen und Deckwerken geschützt werden. Auch Sandaufspülungen sind hier von Zeit zu Zeit notwendig.

Die Wassertiefen in der Emsmündung werden laufend von der Wasser- und Schifffahrtsverwaltung durch Peilschiffe kontrolliert und auf einer bestimmten Tiefe gehalten. Küstenschutz und Baggerungen müssen aufeinander abgestimmt sein und dienen demselben Ziel: Der Erhaltung des Emsfahrwassers.

Für die Sicherheit der Schifffahrt hat Deutschland gemeinsam mit den Niederlanden das Radarsystem Ems entwickelt. Die Einrichtung wurde 1967 in Dienst genommen. Radarstationen sind die Radarstation Oude Ship bei Eemshaven, der Elektrische Leuchtturm auf Borkum und die Verkehrszentrale an der Knock bei Emden. Von hier wird der gesamte Verkehr in der Emsmündung überwacht. Die Zusammenarbeit wurde 1980 im Deutsch-Niederländischen Radarvertrag geregelt.

Bei Seenotfällen stehen auf deutscher Seite die Seenotrettungskreuzer der DGzRS, die SAR-Hubschrauber der Bundesmarine, ein zehn Seemeilen nördlich von Norderney stationierter Bergungsschlepper und die Mehrzweckschiffe der Wasser- und Schifffahrtsverwaltung zur Verfügung. Die Niederländer haben ein Rettungsboot sowie Schlepper in Eemshaven bzw. Delfzijl stationiert.

Seit 2003 werden Schiffshavarien an der deutschen Küste zentral durch das in Cuxhaven ansässige Havariekommando koordiniert. Dessen Herzstück ist das Maritime Lagezentrum, das rund um die Uhr mit erfahrenen Nautikern besetzt ist. Bei besonders schweren Schadensfällen wird ein Havariestab einberufen, der alle beteiligten Einsatzkräfte leitet.

3. Das Lotsenwesen in der Emsmündung

Eine Emder Stadtrechnung von 1608 ist der erste deutsche Beleg für ein Lotsenwesen auf der Ems. Dieses war jedoch noch vollkommen ungeregelt und wurde nach Wunsch der ein- und auslaufenden Schiffe von einheimischen Fischern durchgeführt.

In den niederländischen Häfen konkurrierten anfangs private und staatliche Lotsen miteinander. Das Lotsenwesen wurde dort 1859 vereinheitlicht und dem Verteidigungsministerium unterstellt. Im Jahre 1958 wurde die Lotsenvereinigung gegründet. Heutzutage koordiniert eine Lotsenstation in Delfzijl den Dienst für die Häfen Eemshaven und Delfzijl. Ob ein Schiff, das in die Emsmündung einläuft, von einem deutschen oder niederländischen Lotsen begleitet wird, hängt davon ab, in welchem Land der Zielhafen des Schiffes liegt.

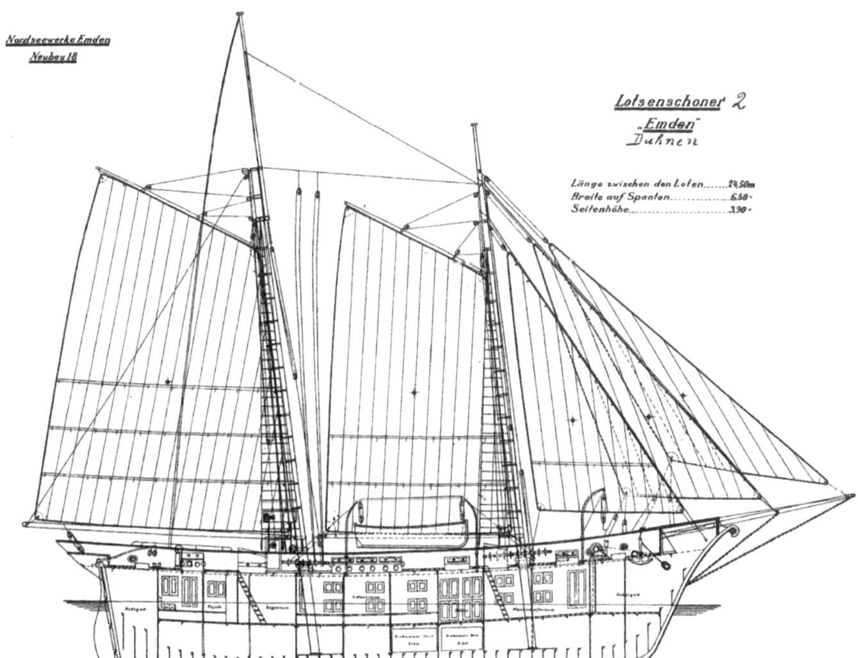

Lotsenschoner EMDEN *(aus: Herbert Karting, Die deutschen Schoner Bd.II)*

Bemühungen zur Einführung des Lotsenzwanges von Emder Schiffern führten 1766 und 1834 im Emder Magistrat nicht zum Erfolg, erst 1860 wurde dieser auf der Ems eingeführt. Die Anstellung von Lotsen auf Borkum scheiterte daran, dass die Borkumer Schiffer im Sommer auf See waren. Darüber hinaus war die Arbeit der Lotsen nicht ungefährlich. Der Lotsenschoner Ems verschwand 1878 bei orkanartigem Wetter, nachdem er zuletzt von dem Feuerschiff Borkumriff gesehen wurde. Als eine Seekiste mit dem Namen des Lotsen Ruyl vor Juist antrieb, war klar, dass die Ems mit ihrer elfköpfigen Besatzung gesunken war.

Der Lotsenschoner Ems wurde anschließend durch einen Neubau gleichen Namens ersetzt und im Herbst 1878 in Dienst gestellt. Ihn traf später ein ähnliches Schicksal:

„In der Nacht vom 14. auf den 15. Oktober 1881 tobte in der Nordsee und an der Küste ein gewaltiger Sturm. Der staatliche Dampfbagger, der vor der Emder Schleuse lag, war gesunken, mit ihm sechs Mann der Besatzung. Bald erfuhr man, daß auch der dazugehörige Schleppdampfer Pony mit drei Mann ebenfalls ein Opfer von Sturm und Wellen geworden war. […] Man bangte nun um das Schicksal des Lotsenschoners Ems. Er war seit mehreren Tagen draußen auf Station, jetzt aber fehlte jede Nachricht von ihm. Aber man hoffte, er würde das Unwetter überstanden haben, hatte er doch kurz zuvor einen ähnlichen Orkan erlebt. – Am 18. Januar 1881, als er mitten im Sturmgebraus und in eisiger Kälte von 11 Grad (minus) die in Seenot geratene 13 Mann starke Besatzung des niederländischen Schiffes Homo Buringh rettete und nach Ijmuiden brachte. Kurz darauf wurde von der Ems ein von seiner Besatzung im Eis verlassener holländischer Lotsenkutter befreit, bemannt und in Sicherheit gebracht. Für diese Heldentat hatte die niederländische Regierung dem Führer der Ems, G. Simmerling, eine goldene Uhr mit Widmung geschenkt und der Besatzung 300 Mark überwiesen. Die so Belohnten haben die Geschenke nicht mehr in Empfang nehmen können. Am 11. Oktober hatte der Schoner seine sämtlichen Lotsen an einkommende Schiffe abgegeben, nur noch drei Mann waren außer dem Schiffer an Bord. Er segelte nun noch zwei Schiffe emseinwärts vor, bekam unter Randzel vier seiner Lotsen wieder an Bord und kehrte sofort wieder auf seine Station zurück. Hier wurde er am Freitag, 14. Oktober, zum letzten Mal gesehen. Dann hörte und sah man nichts mehr von der Ems, Schiff und Mannschaft blieben verschollen.“ [1]

Der deutsche Lotsenversetzdienst wurde lange Zeit mit Segelschonern durchgeführt, bis 1907 der Dampfer Knock in Dienst gestellt wurde. Von 1937 bis 1971 war der Dampfer Emden als Lotsenschiff im Einsatz. Ende der 1960er Jahre

Lotsenstationsschiff KAPITÄN BLEEKER *(Jens Bald)*

begann die Bundesrepublik Deutschland mit dem Bau von sechs typgleichen Lotsenstationsschiffen für die Elbe-, Weser-, Jade- und Emsmündung. Das damalige Lotsenkonzept sah vor, dass die Lotsen an Bord wohnen und bei Bedarf mit einem Lotsenversetzboot zu einem zu besetzenden Schiff gefahren werden sollten. Besonders innovativ war seinerzeit der dieselelektrische Antrieb. Dieser ist für ein Lotsenstationsschiff, das sehr viel manövrieren muss, äußerst wirtschaftlich. Jedes der Schiffe verfügte an Bord über Unterkünfte für 44 Lotsen. Eines der sechs Schwesterschiffe, die KAPITÄN BLEEKER, wurde 1962/1963 auf der Meyer Werft in Papenburg gebaut. Sie besetzte Schiffe, die in deutsche Häfen in der Emsmündung ein- und ausliefen. Dabei stiegen die Lotsen von Bord des Lotsenstationsschiffes in ein kleines wendiges Versetzboot, mit dem sie direkt an das zu besetzende Schiff gefahren wurden. Wenn dies auf der Seeposition vor Borkumriff zu gefährlich war, wurde der Lotse querab vor Borkum im Schutz der Insel übergeben. Die Wasser- und Schifffahrtsverwaltung hat ein neues Lotsenkonzept erarbeitet, in dessen Zuge auch die KAPITÄN BLEEKER ersetzt wurde.

Lotsenboot FRESENA *(Jens Bald)*

Die für die Lotsenbrüderschaft Ems zuständige Wasser und Schiffahrtsdirektion Nordwest in Aurich beschloss nach sechsjähriger Diskussion das deutsche Lotsenkonzept in der Emsmündung grundlegen zu ändern. Am 24. September 2012 wurde nach 49 Dienstjahren das Lotsenstationsschiff KAPITÄN BLEEKER außer Dienst gestellt. Dem Lotsenältermann war dabei anzumerken, dass er sich von dem Schiff nur schwer trennen konnte.

Das neue Lotsensystem an der Ems ist landgestützt. Dies ist an der deutschen Nordseeküste einmalig. Bei dem neuen Lotsensystem befindet sich eine Landstation in den ehemaligen Bundeswehrhallen am Schutzhafen. Dort liegen auch die zwei neuen Lotsenboote FRYA und FRESENA, sowie der Lotsentender BORKUM.

Die beiden Einrumpfboote FRESENA und FRYA wurden auf der französichen Werft Chantiers Naval Bernard gebaut. Sie sind 19,60 m lang und 6,30 m breit. Da die Boote aus glasfaserverstärkten Kunstoff (GFK) gebaut wurden, sind sie besonders leicht. Daher erreichen beide Boote mit jeweils zwei 900 kW starken Motoren des Herstellers MTU eine Geschwindigkeit von 30 Knoten. Sie können jeweils acht Lotsen innerhalb von einer halben Stunde zu der 17 Seemeilen entfernten Versetzposition befördern. Die Rumpfform mit ihrer scharfen Wulstbugform macht die Boote sehr seefest.

Der Lotsentender hat eine sogenannten SWATH-Rumpfform. Das steht für Small Waterplane Area Twin Hull, was frei übersetzt heisst, dass das Boot eine schmale Schnittfläche in der Wasserlinie und zwei Rumpfkörper hat. Durch die geringe Wasserlinienfläche entstehen kaum Wellen, wodurch eine Menge Energie eingespart wird. Daher kann der Tender mit einer vergleichsweise geringen Leistung von 2 x 788 kW MTU Motoren eine Geschwindigkeit von 18 Knoten erhalten. Den Auftrieb erhält der Tender durch die torpedoartigen Unterwasserschiffe. Da der Rumpf der Wellen wenig Angriffsfläche bietet, ist der Tender sehr seefest und kann auch bei rauher See gut operieren. Mit dieser Technologie sind seit 2004 auf dem Seelotsenrevier Weser / Jade im Einsatz. Die Einführung der SWATH-Fahrzeuge hat dort die Lotseneinsätze erleichtert, beschleunigt und insgesamt sicherer gemacht. Der Tender Borkum ist bei der Werft Abeking & Rassmussen in Lemwerder an der Weser gebaut worden. Die zur Breite von 14,26 m sehr geringe Länge von 25,65 m macht das Fahrzeug sehr sicher gegen Kentern. Mit dem Tender können wie auch mit den Lotsenbooten acht Lotsen befördert werden.

Durch die zwei schnellen und flexiblen Lotsenboote und den sehr seegängigen Lotsentender kann bei fast jeder Wetterlage versetzt werden. Bei Sturm kann auch der auf Borkum stationierte Hubschrauber die Lotsen versetzen.

4. Die Schlepperstation Borkum

Nach dem Ersten Weltkrieg wurden Bergungsstationen an der deutschen Küste aufgebaut. Kommerzielle Unternehmen boten havarierten Schiffen ihre Unterstützung an. Durch die günstige Lage Borkums an einer der Hauptschifffahrtsrouten Europas war die Insel für private Bergungsunternehmen wie die Hamburger Bugsier-Reederei interessant. Sie stationierte auf Borkum einige Schlepper, die in Seenot geratene Schiffe zu bergen versuchten. Hierbei galt und gilt noch immer das Motto: *„No cure - no pay"* (Kein Erfolg - keine Bezahlung). Bergelohn wird erst dann gezahlt, wenn das havarierte Schiff auf den Haken genommen ist und in einem sicheren Hafen liegt. Schon damals waren vor allem niederländische Unternehmen mit ihren großen und leistungsstarken Schleppern eine harte Konkurrenz für deutsche Bergungsreedereien. Am 1. November 1924 lieferte die Werft J. C. Tecklenborg den Bergungsschlepper SEEFALKE an die Schuchmann Reederei ab. Er war der erste Motorbergungsschlepper der Welt. Der Doppelschraubenschlepper war 59,2 m lang, und vier Dieselmaschinen verliehen ihm eine Kraft von 2400 PS und eine Geschwindigkeit von 16,7 Knoten. Im Jahr 1921 hatte W. Schuchmann begonnen, Aktien der Bugsier Reederei- und

Schlepper JAN im Borkumer Hafen (Jens Bald)

Bergungsschlepper Wotan *(Deutsches Schiffahrtsmuseum)*

Bergungs A.G aufzukaufen und besaß schließlich 1926 die Mehrheit der Aktien. Nach Fusion der beiden Reedereien wurde 1928/29 die Schlepperflotte der Schuchmann Reederei im Zuge einer Neuordnung auf die Bugsier übertragen.

Im April 1945 wurde SEEFALKE im Kieler Hafen von einer Fliegerbombe getroffen und sank. Daher musste der Schlepper nicht an die Siegermächte ausgeliefert werden, denn in einem Untersuchungsbericht für die Alliierten hieß es: *„The ship is absolutuley damaged and to be mentioned as an hopeless case"*. Allerdings las sich das in der deutschen Übersetzung ein wenig anders; in dieser hieß es: *„Das Schiff ist nicht allzu schwer beschädigt."* Als die Reederei erfuhr, dass das Hafenbecken, in dem SEEFALKE lag, zugeschüttet werden sollte, hob eine Bergungsmannschaft den Schlepper leicht an, schleppte ihn in die Kieler Förde und versenkte ihn dort. Erst als die Alliierten ihre Reparationsforderungen zurückschraubten, konnte der Schlepper erneut gehoben, repariert und 1950 wieder in Dienst gestellt und auf Borkum stationiert werden. Während der Reparatur hatte der Schlepper neue Maschinen erhalten. Vier Deutz-Diesel verliehen ihm nun 3300 PS. Viele Jahre blieb SEEFALKE auf Borkum, bis er auf die Azoren verlegt wurde.

Seit seiner Außerdienststellung 1970 gehört der Schlepper zur Flotte der Museumsschiffe des Deutschen Schiffahrtsmuseums in Bremerhaven.

Schlepper ***Burkana*** *im Borkumer Hafen (Jens Bald)*

Der Schlepper Wotan bezog gelegentlich Station auf Borkum, bis er Mitte der 1960er Jahre nach Südafrika verlegt wurde und dort eine sehr erfolgreiche Zeit für die Bugsier einleitete. Bis zu seinem Verkauf 1980 lag der Schlepper Danzig ständig auf Borkum. Vertreten wurde dieser durch den Schlepper Bugsier 26. Die Schlepper lagen meist auf Reede vor dem Südstrand auf Höhe des heutigen Restaurants „Düne 5“.

Seit Borkum 1902 Seefestung geworden war, stationierte die Marine eigene Schlepper auf der Insel, die nicht nur Kriegsschiffen, sondern auch in Seenot geratenen Schiffen zu Hilfe kamen. In der Winterzeit hielten sie die Einfahrt zum

Hafen vom Eis frei. Nachdem Borkum Ende 1957 Standort der Bundesmarine geworden war, erfolgte später die Stationierung des Schleppers Eisbär, der in starken Eiswintern wie 1978/79 - so gut es ging- die Fahrrinne frei hielt. Als 1996 die Bundesmarine den Standort Borkum aufgab, wurde auch der Marineeisbrecher Eisbär von der Insel abgezogen.

Auch ein Borkumer Unternehmer beteiligte sich nach dem 2. Weltkrieg am Bergungsgeschäft. 1963 kaufte die Firma Johann Byl vom Wasser- und Schiffahrtsamt Emden einen 1931 gebauten Schlepper. Johann Byl ist der Sohn von Wiard Byl, der der Borkumer Agent der Bugsier Reederei gewesen ist. Nachdem der Schlepper von Dampf- auf Dieselantrieb umgebaut worden war, konnte er 1964 als Burkana in Dienst gestellt werden. 30 Jahre war der Schlepper auf der Insel stationiert. Nach seiner Außerdienststellung 1994 wurde er im Hamburger Hafen für Ausflugsfahrten genutzt. Bevor er an die Elbe ging, wurde sein Rumpf mit Borkumer Motiven bemalt, die in Hamburg für die Insel „werben“ sollten.

Seit Ende der 1970er Jahre wurde die Bergungsstation Borkum immer seltener von Schleppern der Bugsier-Reederei besetzt. Eine solche Stationierung durch Privatunternehmen lohnte sich kaum noch, da Schiffsunglücke vor der Insel immer seltener wurden. Daher wurde 1996 das Notschlepper-Konzept entwickelt: Das Bundesverkehrsministerium charterte den Schlepper Oceanic und stationierte diesen auf Seeposition 10 sm nördlich von Norderney. Dessen Aufgabe ist nicht die kommerzielle Schiffsbergung, sondern die Abwehr von Gefahren für Mensch und Umwelt. Die Oceanic wurde am 1. Januar 2011 durch den neuen Schlepper Nordic ersetzt.

Der letzte auf Borkum stationierte Schlepper war der Schlepper Jan der Firma van Gerpen. Als dieser Mitte der 1990er Jahre die Insel verließ, war die Zeit der Schlepper auf Borkum beendet.

Bergungsschlepper Seefalke (Foto Akkermann)

5. Die Emsmündung zeigte den Römern ihre Grenzen

Viel günstiger und ungefährlicher als die Mündungen von Elbe oder Weser war für kleine Schiffe die Mündung der Ems, weil sie sich in zwei Arme teilt – die Oster- und Westerems – so dass unter Ausnutzung der Gezeitenströme bei fast jedem Wind sowohl das Ein- als auch das Aussegeln möglich war. Erst durch die seit dem späten Mittelalter zunehmende Schiffsgröße führte der wachsende Tiefgang zu Problemen mit der Flachküste. Besonders gefährlich für die Schiffe waren das sich weit in die See hinaus erstreckende Borkumriff und das benachbarte Juister Riff. Deshalb sorgte die an möglichst sicherer Zufahrt interessierte Hafenstadt Emden auf der zwischen beiden Mündungsarmen besonders weit in die See vorgeschobenen Sandschwemminsel Borkum für feste Seezeichen und legte später Fahrwassertonnen aus. Auch boten Borkumer Schiffer einen privaten Lotsendienst an, wofür Gebühren erhoben wurden. [2]

Trotzdem kam es immer wieder zu Schiffsunglücken, über die vor Mitte des 19. Jahrhunderts allerdings nur ausnahmsweise schriftliche Angaben gemacht und aufbewahrt wurden. Als erste und für über anderthalb Jahrtausende einzige Ausnahme hat die römische Geschichtsschreibung über die Strandung ihrer Kriegsflotte im Rahmen des Feldzuges 16 n. Chr. Geburt berichtet. Diese letzte, vergebliche Eroberungsaktion war für die Römer von so großer Bedeutung, dass darüber durch den römischen Geschichtsschreiber Tacitus ausführlich berichtet wurde, denn seitdem beschränkte sich Rom endgültig auf den Rhein als Nordostgrenze.

Die Ergebnisse der Schiffsarchäologie zeigen eindeutig, dass auch im Mittelalter an den Küsten von Nord- und Ostsee immer wieder Schiffe untergegangen sind. [3]

Dass für diese Zeit aus der Emsmündung und den Gewässern um Borkum noch kein Schiffsfund bekannt geworden ist, bedeutet deshalb noch lange nicht, dass es dort damals keine Strandungen gab. Es ist darüber nur nichts schriftlich festgehalten worden. Erst durch die wachsende Bürokratisierung von Verwaltung und Rechtsprechung in der frühen Neuzeit sind Aufzeichnungen zu Schiffsstrandungen anlässlich zahlloser Streitigkeiten im Rahmen des Strandrechts erhalten geblieben. [4] Dabei prallten immer wieder drei unterschiedliche Interessen aufeinander: Die der Schiffer und Kaufleute, deren Schiffe mit Besatzung und

Waren in höchster Gefahr waren; die des Landesherren, für den der Strandvogt die Einhaltung gesetzlicher Regelungen (einschließlich der fälligen Abgaben an den Landesherren) durchzusetzen hatte; und schließlich die der Anwohner, die besonders auf der kargen Sandinsel Borkum von Fischfang und den wenigen dürftigen Landwirtschaftsflächen kaum leben konnten. Karl Herquet, Staatsarchivar in Aurich, hat 1886 in seiner „Kulturgeschichte Borkums" zahlreiche Strandrechtsakten des Ostfriesischen Staatsarchivs ausgewertet. [5]

Im 19. Jahrhundert sind einige besonders spektakuläre Schiffsuntergänge vor Borkum ins Rampenlicht der Presseberichterstattung geraten, was schließlich 1865 zur Gründung der Deutschen Gesellschaft zur Rettung Schiffbrüchiger führte. Die veröffentlichten Berichte über ihre Rettungseinsätze bilden danach eine sehr zuverlässige Quelle über Schiffsstrandungen auch vor Borkum und wurden hier entsprechend ausgewertet.

Die erste urkundlich erwähnte Strandung vor Borkum – Plinius der Ältere spricht in seiner „historia naturalis" von einer Insel Burchana fabaria – ist die bereits erwähnte Strandung der Kriegsflotte des römischen Feldherrn Germanicus im Jahr 16 n. Chr. Die Römer versuchten damals, durch die Emsmündung nach Germanien zu gelangen. Doch als die Flotte vor Burchana stand, zog ein Unwetter auf.

Der römische Geschichtsschreiber Tacitus berichtet:

„Anfangs war die See noch ruhig; sie rauschte unter dem Ruderschlag von tausend Schiffen oder wogte auf, wenn die Segel aufgezogen wurden. Bald aber ging ein Hagelschauer aus einer schwarzen Wolkenwand nieder, und zugleich brausten von allen Seiten heftige Böen heran, unberechenbare Flutwellen nahmen die Sicht und hinderten die Steuerung der Schiffe. Von den verzagten Mannschaften, die mit der Seefahrt nicht vertraut waren, wurden die Seeleute, denen sie unsachgemäß helfen wollten, gestört. Und sie machten so den sachkundigen Matrosen ihre Verrichtungen unmöglich. Dann wurde über den ganzen Himmel und das ganze Meer der Südwind Herr. Er führte von den feuchtdunstigen Ländern Germaniens und den tiefen Flüssen gewaltige Wolkenmassen mit Macht heran, und die Kälte des nahen Nordens machte ihn noch schrecklicher. Und so riß er die Schiffe fort und verschlug sie auf den offenen Ozean oder ließ sie an Inseln, die mit ihren schroffen Klippen oder verborgenen Untiefen gefährlich waren, stranden. War man diesen mit knapper Not und Mühe ausgewichen, so konnte man nachher, als die Flut wechselte und sich in der Windrichtung bewegte, die Schiffe nicht mehr fest verankern und auch

nicht die hereinbrechenden Wassermassen ausschöpfen. Pferde, Zugtiere, Gepäck, sogar Waffen wurden über Bord geworfen, um den Schiffsraum zu entlasten, in den das Wasser durch die Bordwände eindrang und die Fluten von oben her hereinstürzten.

Je stürmischer der Ozean als jedes andere Meer und das Wetter Germaniens grimmiger ist als anderwärts, um so mehr hob sich doch jenes, noch nie erlebte Unglück durch sein Ausmaß heraus; ringsum waren die Gestade in den Händen der Feinde oder das Meer so unermeßlich und unergründlich, daß man glaubte, man sei am Ende der Welt und hinter ihm komme kein Land mehr. Ein Teil der Schiffe ging unter, die Mehrzahl strandete an weiter entfernt gelegenen Inseln [...] Nur der Dreiruderer des Germanicus landete im Gebiet der Chauken (Anm.: germanischer Stamm). In all diesen Tagen und Nächten stand er bei den Klippen und Küstenvorsprüngen und rief, er sei an diesem vernichtenden Unglück schuld, wobei er von seinen Freunden nur mit Mühe davon zurückgehalten werden konnte, in dem gleichen Meere den Tod zu suchen". [6]

Nun halfen den Römern auch die besten Galeeren nicht, da sie die Gefahren der Emsmündung nicht kannten.

6. Die ersten Seezeichen in der Emsmündung

Die einzige spätmittelalterliche Nachricht über Strandungen vor Borkum ist indirekter Art. Im Jahr 1493 schloss die Hansestadt Hamburg zur Absicherung ihres nach Emden gerichteten Handels einen Vertrag mit den Grafen Edzard und Uko von Ostfriesland. Darin setzten die Hamburger durch, dass es der Mannschaft eines auch vor Borkum gestrandeten Schiffes unbenommen bleiben sollte, ihre Güter zu sammeln. Wenn die Insulaner dabei halfen, so sollten sie dafür einen billigen, redlichen Bergelohn beanspruchen dürfen. War aber keiner der Besatzung gerettet, so sollten die gestrandeten Güter von den Bergern gegen billige Entschädigung aufbewahrt werden. [7] Zwar ist hier keine konkrete Strandung genannt, aber es müssen den Verhandlungen Hamburgs irgendwelche Schiffsunglücke vorausgegangen sein, denen gegenüber die erreichten Regelungen als großer Fortschritt gewertet werden mussten, d. h. der Mannschaft war es vorher nicht ermöglicht worden, ihre an den Strand geworfenen Güter wieder einzusammeln, und wenn die Besatzung umgekommen war, wurden die angetriebenen Waren nicht ein Jahr aufbewahrt. Das Privileg Hamburgs ließ sich jedoch auch in der Folgezeit nicht durchsetzen. Der Landesherr beanspruchte sein Drittel vom Strandgut, die Insulaner teilten ihr Drittel unter sich, so dass – wenn alles gut ging – dem Schiffer oder Kaufmann überhaupt nur ein Drittel blieb. Die Insulaner waren natürlich daran interessiert, möglichst viel von den beiden anderen Dritteln auch in ihren Händen verschwinden zu lassen. Um die Interessen des Landesherrn zu vertreten, wurden deshalb Strandvögte eingesetzt. Zwischen ihnen und Strandräubern kam es jedoch häufig zu Konflikten; so mancher Strandvogt trieb selber schwunghaften Handel mit Strandgut.

Bis 1539, als erste Baken und Tonnen die Emsmündung kennzeichneten, mussten die Schiffer nach Landmarken navigieren. Kritisch wurde es dann, wenn die Peilpunkte bei Nebel nicht mehr auszumachen waren. Insbesondere ortsfremde Schiffer hatten oft Schwierigkeiten. Als wichtigster Ansteuerungspunkt galt damals der Borkumer Kirchturm. Seit dem Streit zwischen Spanien und den Niederlanden 1566 war die Ems der sicherste Fluss an der Nordseeküste, und Emden wurde die größte Hafenstadt Europas.

Um 1570 hatte Emden mit etwa 400 Schiffen eine größere Flotte als England unter Königin Elisabeth I. Natürlich steigerte sich dadurch der Schiffsverkehr in der Emsmündung erheblich, und der Borkumer Kirchturm reichte als Ansteuerungspunkt bald nicht mehr aus. [8]

Alter Leuchtturm mit dem Fresnelschen Linsenapparat von 1857 (R. W. Feldmann)

Aber die Ems blieb nicht lange sicher, denn bereits 1569 hatten niederländische Freibeuter, sogenannte Geusen, die für die Unabhängigkeit ihres Landes von Spanien kämpften, Borkum zu ihrem Außenposten gemacht, von wo aus sie spanischen Schiffen, die in die Ems wollten, auflauerten. Im April 1571 begann sich der Konflikt weiter zuzuspitzen, bis eine Flotte ausgesandt wurde, um die Separatisten niederzuschlagen. Am Ende mussten die Geusen eine schwere Niederlage einstecken. Vor der Knock bei Emden gingen neun Schiffe verloren. Zudem wurden 112 Geusen (Anm.: niederländische Freiheitskämpfer während des Krieges 1568-1648) gefangen genommen, die entweder gehängt oder ertränkt wurden. [9]

Im Jahre 1576 ließ der Senat und die Bürgerschaft der Stadt Emden den Borkumer Kirchturm auf 41 m erhöhen, um der Schifffahrt einen sicheren Ansteuerungspunkt zu geben. Der Turm sollte und konnte den Segelschiffen nur als Tagessichtmarke dienen, er war also noch nicht mit einem Leuchtfeuer ausgestattet. Dieser Turm ist der heutige Alte Leuchtturm.

Zur Finanzierung des Turmes wurde ein sogenanntes Lastengeld eingeführt, dessen Höhe sich nach der Nutzladung des jeweiligen Schiffes richtete.

Am 19. Februar 1627 strandete ein Emder Schiff im Eisgang auf dem Mövensteert-Sand, worauf es zu einer Auseinandersetzung zwischen der Stadt Emden und dem Grafen von Ostfriesland kam. Ein Geheimratscollegium berichtete dem Grafen Rudolf Christian darüber folgendes:

„Bei dem jüngsten Eisgang hat sich zugetragen, daß ein Emder Schiff, so Samuel Halters in [nach] Frankreich geführt und von vielen Rhedern, in specie Camholdt,

Ubbo Remetz, Wermelskirchen, Dirk Lehners, Peter Hindrichs und anderen befrachtet gewesen, in der Ems einkommen, durch die Eisflut aber wieder zurück auf ein Sand am Borkumer Eiland, den Mövensteert geheißen, mit Verließ des Ankers gestrandet, warinnen allerlei stattliche Waren, als Branntwein, Courte- und Amon-(?)Weine, auch Essig vorhanden gewesen. Wie mir nun durch die Beamten zu Greetsiel und den Vogt zu Borkum berichtet wurde, so haben wir den Beamten befohlen, den Rhedern als E.Gn. Untertanen das Schiff und die Waren folgen zu lassen, jedoch daß E.Gn. Anpart nach alter Gewohnheit bis auf fernere Anordnung auf dem Hause Greetsiel sollte verwahrlichen behalten, den Eiländern aber ihr Berggeld gegeben werden.

Wie aber das Tauwetter eingefallen und zwischen dies und Emden nicht zu reisen gewesen, haben inmittels die Emder ohne Verlaub sich unterstanden, fünf Schiffe, jedes 12 Lasten, und 35 Soldaten nach Borkum zu schicken und mit Gewalt die Weine abholen zu lassen, welches als wir insgeheim erfahren, haben wir zur Erhaltung E.Gn. Hoch- und Gerechtigkeit und zur Defension des Eilandes vor allen unrechten Gewalt Capitain Luecht mit 30 Soldaten mit Commission, den Rhedern nichts folgen zu lassen, bis unserem obgen. Bescheide ein Begnügen geschehen, am 7. hujus abgefertigt, welcher auch den 9. huj. angelangt die Embdischen Soldaten aber in den Schiffen beliegen blieben und nicht an das Land kommen. Wie

Der alte Leuchtturm im Jahre 1576 als Tagesmarke von der Stadt Emden erbaut, im Jahre 1817 zu einem Leuchtturm eingerichtet.

Inschrift am Turm in Uebersetzung:

Auf Anregung der erlauchten Edzard und Johann, Grafen und Herren von Ostfriesland, liess mich der Senat und das Volk von Emden erbauen aus Beiträgen des Stadtsäckels und des Seehandels im Jahre des Herrn.

Im Jahre 1576 erbaute mich die Schiffahrt von Emden, ich wurde vollendet durch Antonius Pricker, Berent Habben, Albert Dercksen, Jacob Gerritz, die mich errichteten.

Die Inschrift des Alten Leuchtturms (R. W. Feldmann)

Um die Ansteuerungstonne für die Osterems zu finden, musste das Große Kaap in Linie – in sogenannter Deckungspeilung – mit dem Alten Leuchtturm stehen. (R. W. Feldmann)

nun die Emder solches vernommen, haben sie ihren Tonnenboyer (Tonnenleger) mit 130 Soldaten dorthin abfertigen wollen, auch dieselben Soldaten bereits eine halbe Meile von dem Eiland arrivirt gewesen, so hat sich inmittels Dirk Lehners mit dem Rentmeister Hermann Gerdes, so in periculo vitae damals dieser Sache halber in Emden gestanden, anhero verfüget und um Relaxation der arrestirten Waren supplicando angehalten, sich auch vor Bezahlung alles desjenigen, so die Rheder bei E.Gn. nicht abbinden würden, pro cautione sich zu verpflichten und inmittels die Kosten und das Berggeld zu erlegen und weilen wir gesehen haben, daß hierdurch größere Incommoditäten entstehen und mehr der Unruhe in E.Gn. Abwesen könnte verursacht, auch hierdurch in detentione rerum per naufragium amissarum (i.e. in Festhaltung der Strandgüter) ein Actus possessorius an E.Gn. introduciret werden, ist vor diesmal von uns gut gefunden, die anerbotene Caution anzunehmen, worauf dann Capitain Luecht mit den Soldaten nach bezahlten Kosten und Berggeld auf 800 fl. avociret und den 17. hujus wieder glücklich angelanget, zweifeln nicht E.Gn. werden sich dieses unser wohlgemeintes Fürnehmen in Gnaden gefallen lassen und haben die Rheder fernere Anordnung von E.Gn. zu erwarten, vormeinen aber dabei, nachdem diese Soldaten aus der Emdischen Garni-

son gelichtet (!) und außer der Stadt von neuen gebraucht worden, daß damit ipso facto dasselbe gefallen und um desselben Cassada ins Gravenhage zu insistiren sei, welches jedoch zu E.Gn. Discrection wir anheim gestellt haben wollen". [10]

Solche Auseinandersetzungen waren bei Strandungen zwar üblich, sie wurden aber noch verschärft durch die wirtschaftliche Situation, die sich zu dieser Zeit verschlechterte. Der Aufschwung Emdens war mit den Wirren des 30jährigen Krieges vorbei. Zudem erschwerten undurchdringliche Moore den Warenaustausch mit dem Hinterland; dieses Problem wurde erst 1856 endgültig gelöst, als die „Hannoversche Westbahn" Rheine-Emden gebaut wurde. [11] Ein weiteres Problem war, dass die Ems in dieser Zeit besonders stark ihr Bett verlagerte, was zur Folge hatte, dass weitere Seezeichen gebaut werden mussten.

1628 bzw. 1634 wurden zwei Kaaps auf Borkum erbaut; eines in den Woldedünen und eines nördlich des Turms. Beide Kaaps mussten jedoch wegen der Verlagerung des Fahrwassers in den folgenden Jahrzehnten oft versetzt und erneuert werden. [12]

Trotz immer besserer Seezeichensetzung strandeten bei Sturm aber häufig Schiffe vor der Insel. Viele Schiffsunglücke sind überliefert, da es fast immer zu Auseinandersetzungen zwischen dem Vogt und den Insulanern um das Bergungsgut kam. So strandete am 2. November 1657 ein Hambuger Schmackschiff im Sturm auf dem Borkumriff, wobei acht Passagiere ertranken. Der Kapitän konnte sich mit drei Personen retten. Das Schiff kam von Amsterdam und hatte Heringe, Zi-

Das heutige kleine Kaap kurz nach 1900 (R. W. Feldmann)

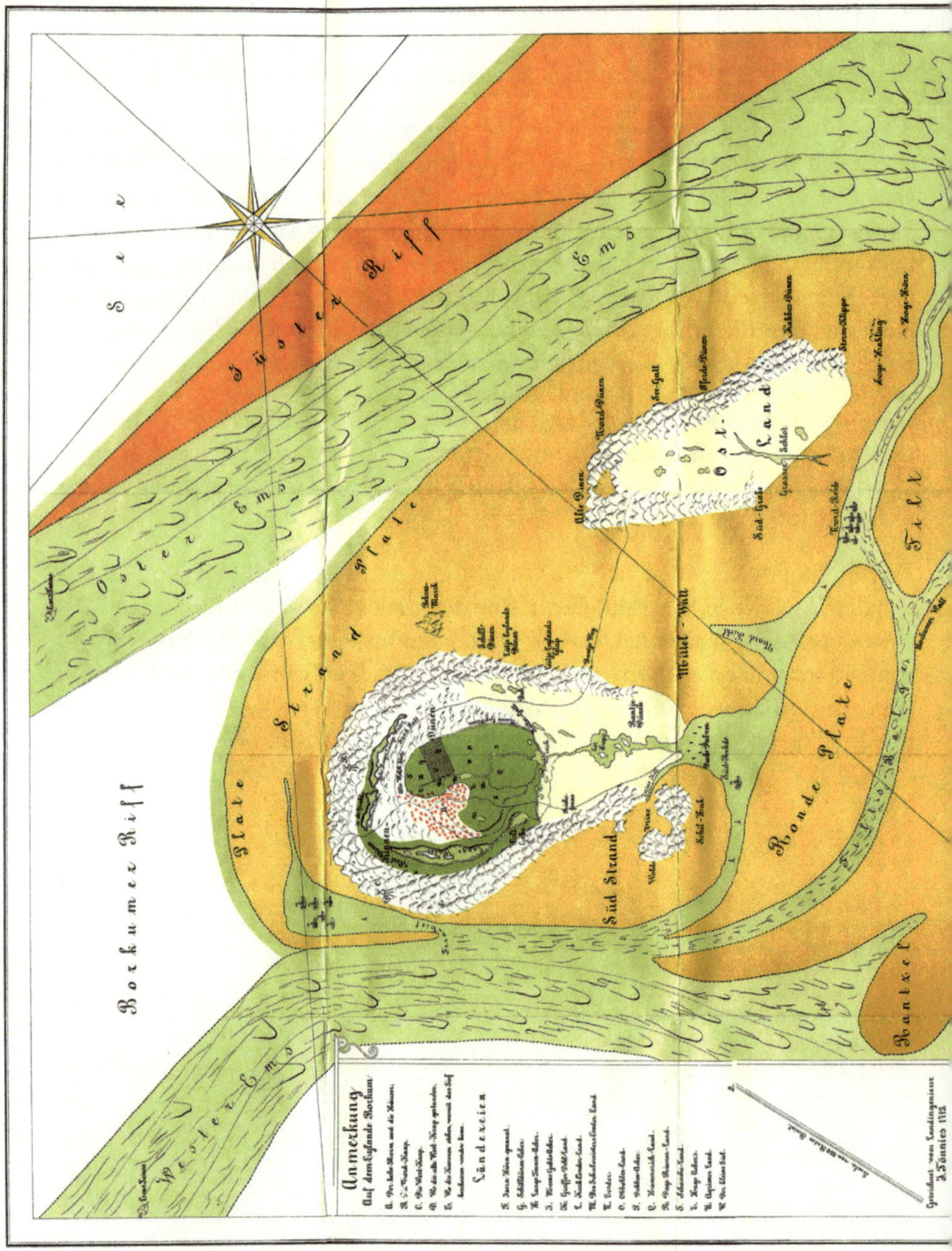

Die älteste bekannte Borkum-Karte, gezeichnet 1713 von J. Tönnies (R. W. Feldmann)

tronen, Krapp, Tuch und Pfeffer geladen. Die Hälfte des Pfeffers konnte geborgen werden. [13]

Auf der Fahrt von Danzig nach Rotterdam schlug das Schiff DER WEISSE SCHWAN am 17. November 1661 an der Borkumer Balje leck. Da das Schiff hoch auf dem Sand saß, konnten die Insulaner 32 Last Roggen bergen. Das Leck wurde gefunden und konnte geflickt werden. [14]

Im Krieg zwischen Holland und England (1665-1667) hat England zwar vor Borkum ostfriesische Schiffe aufgebracht, da es Ostfriesland als nicht neutral ansah, aber keines ist dabei gesunken. Im Dezember 1670 strandete jedoch das von Frankreich kommende Schiff DIE AUFGEHENDE SONNE bei Rottum. Geladen hatte es Wein und Branntweinessig; ein Teil der Ladung konnte geborgen werden. [15]

Schon wenige Jahre später kam es zum Krieg zwischen Frankreich und Holland, so dass erneut Engländer vor der Insel kaperten, aber wieder kamen keine Schiffe dabei zu Schaden. Am 11. November 1688 kam das Schiff DE JONGE TOBIAS VAN DRONTEN auf der Hubertplate (südwestlich des Borkumriffs) fest. Die Ladung bestand aus Prünellen (Trockenpflaumen), Wein und Kastanien, die für Emden bestimmt waren. Sofort versuchten Borkumer, die Ladung zu bergen. Bei Niedrigwasser machten es sich die Berger gemütlich, rösteten Kastanien und tranken reichlich Wein. An dieser „feuchtfröhlichen Bergung" sind auch der Pastor und der Vogt beteiligt gewesen. [16]

Oft wurde zusätzlich auch noch Bergegeld gezahlt. Um dennoch in den Genuss des Weines zu kommen, kam es auch vor, dass die Berger den Wein tranken und die Fässer mit Wasser wieder auffüllten. Auf der Fahrt von Hamburg nach Rotterdam strandete am 25. April 1701 ein Schmackschiff zwischen Borkum und Juist. Beladen war das Schiff mit Weizen, Branntwein und Wein. Einige Weinfässer trieben an den Stränden der b eiden Inseln an. [17]

Schon im April des darauf folgenden Jahres trieben wieder Weinfässer auf Borkum und diesmal auch auf Juist und Norderney an. Die Ladung stammte von dem Schiff ST. CATHARINA, das in einem schweren Sturm auf das Borkumriff geworfen worden war. Es war auf der Reise von Hamburg nach Bordeaux.

Von dem Schicksal der Besatzungen ist kaum etwas überliefert. Man versuchte nur selten, den Schiffbrüchigen zu helfen, da gerettete Besatzungsmitglieder Anspruch auf die sonst den Bergern zufallende Ladung hätten erheben können. Nach jedem Sturm kamen aber Insulaner an den Strand, um nach angespültem Gut zu suchen. Da die Insel zur damaligen Zeit nahezu baumlos und fast unfruchtbar war, war das sogenannte Strandjen neben dem Fischen und der bescheidenen Landwirtschaft der einzige Erwerb.

Im Spanischen Erbfolgekrieg (1701-1714) wurden vor Borkum erneut Schiffe gekapert. Diesmal brachten Franzosen deutsche, englische und niederländische Handelsschiffe auf wie zum Beispiel das niederländische Schiff De Prophet Jonas, das auf dem Borkumriff strandete und auseinanderbrach. Sechs Mann der Besatzung ertranken bei dem Versuch, schwimmend den Strand zu erreichen. In den Taschen der Leichen fand man Gold und Silbertaler aus der Ladung. Die ehrlichen Finder übergaben das Geld dem Pastor. Die restlichen fünf Mann, die auf dem Wrack ausharrten, konnten jedoch gerettet werden. In den darauf folgenden Tagen wurden noch 650 Balken und elf Tonnen Teer angespült, die aus dem verunglückten Schiff stammten. [18]

Die ehemalige Kugelbaake in der Greunen Stee (Jens Bald)

Im Februar 1704 strandete das niederländische Schiff Edam vor Borkum. Von der Ladung konnten 706 Holzbalken geborgen werden. Wiederum brach ein Streit über das geborgene Gut zwischen den Bergern und dem Amtmann aus, wobei es fast zu Handgreiflichkeiten gekommen wäre.[19] Ein wiederum mit Holz beladenes Schmackschiff kam im September 1705 während eines Sturmes auf der Randzel-Sandbank fest. Der erkrankte Schiffer musste mit seinen zwei Matrosen das Schiff aufgeben. Fünf Borkumer bargen es und brachten es nach Emden. Da sie dem Vogt nicht genug von der Bergesumme abgaben, wurden die Insulaner zu einer Geldstrafe verurteilt. Diese aber weigerten sich, die Strafe zu bezahlen, und der Vogt wollte nun mit einem Gerichtsdiener bei ihnen pfänden. Die Borkumer und Borkumerinnen hielten ihn jedoch davon ab, indem sie ihn mit Kot und Steinen bewarfen und übelst beschimpften. Darauf kam es erneut zu einer Gerichtsverhandlung, in der das Bußgeld um das Fünffache erhöht wurde. [20]

Am 18. November 1707 strandete ein mit 60 Tonnen Austern beladenes Helgoländer Schiff bei Borkum. Es war auf der Reise von Rochester über Helgoland nach Hamburg. Auch dieses Schiff konnte geborgen und nach Emden gebracht werden. [21] Die Wirren des Spanischen Erbfolgekrieges ließen keineswegs nach. Wegen des Krieges wollte ein Hamburger Schiff nach Amsterdam fliehen, wurde jedoch von einem französischen Kaperer verfolgt. Am 25. Juni 1708 kam es auf dem Borkumer Watt fest, und die Franzosen begannen sofort, es zu plündern und erschossen dabei sogar einige Passagiere. Vom Borkumer Turm aus beobachteten Insulaner die Strandung und beteiligten sich dann an der Plünderung. Erst als Emder Schaluppen zu dem Wrack fuhren, flohen die Franzosen, und das Schiff wurde nach Emden geschleppt. Die Passagiere forderten darauf ihre geplünderten Sachen von den Borkumern zurück. Diese behaupteten, man habe ihnen das Geplünderte geschenkt. Auch kam es zu Hausdurchsuchungen, die jedoch ohne Erfolg blieben. [22]

Am 6. Dezember 1716 strandete vor Borkum das von Göteborg kommende englische Schiff St. Jakob. Der Kapitän kam dabei ums Leben, aber die elf Mann starke Besatzung konnte sich retten. Von der Ladung wurden Seide, Post und Franzwein geborgen. [23] Ebenfalls von Göteborg kommend, kam das niederländische Schiff Sarah Galey, das sich auf der Reise nach Amsterdam befand, am 25. September 1717 in der Nähe von Rottum zum Aufsitzen. Die Ladung, bestehend aus 3490 Eisenstangen und 360 Dielen, konnte geborgen werden, das Schiff jedoch war verloren. [24]

Am 24. November desselben Jahres strandete der von London kommende Dreimaster Der vergülte Hirsch bei Borkum. Geladen hatte er Zucker, Tabak, Tee, Kaffee, Zinn, Musselin, Leinwand, Seidenhandschuhe, Messer und Scheren. Der Großteil der Ladung konnte zwar geborgen werden, war aber vom Seewasser stark beschädigt. [25]

Die Weihnachtsflut 1717 führte in mehreren Ländern zu größten Zerstörungen. Große Küstenregionen wurden überflutet und Ernten vernichtet, was zu Hungernöten führte. Auf Juist wurde das am Westrand der Insel gelegene Billdorf vollkommen zerstört. Petrus Bartels, reformierter Generalsuperintendent aus Emden, war im Jahre 1878 auf Juist und fand noch Ruinen des Billdorfes, dass 1717 zerstört wurde. In seinem Bericht über die Zerstörungen auf Juist berichtet er auch über die Strandung eines englischen Kriegsschiffes vor Borkum:

"Es hatte bereits seit mehreren Tagen stark geweht, erst aus Südwest, dann aus Nordwest, und durch das Brausen von Wind und Wellen dröhnten öfters Kanonenschüsse. Sie kamen von einem großen englischen Kriegsschiffe, welches auf den Außengründen von Juist in Gefahr war zu stranden. Man hörte selbst zu Norden diese nicht misszuverstehenden Kanonenschüsse, aber wie häufig und dringlich sie auch wurden, weder von den Inseln noch vom Festlande aus war an Retten nicht zu denken. Dieses englische Kriegsschiff trieb vor Borkum, der Kapitän und 18 Mann retteten sich mit dem Beiboot nach Borkum. Die an Bord verbliebenen 182 Soldaten kamen ums Leben." [26]

Nach einem Bericht des Drostes von Greetsiel wurde Borkum nicht so stark verwüstet wie Juist:

„Auch habe ich unterthänigst berichten sollen, dass Gottlob die Insel nicht sonderlich beschädigt und ausser einem einzigen Hause, so durch der starken Fluth weggerissen, ihre Binnendeiche am meisten ruiniert gefunden. Es können aber dieselben, sowohl, als auch die an der Westseite in etwas abgenommenen Dünen unter Gottes Segen bald wieder ergänzt werden."

Im Jahr 1726 kam es anlässlich der Strandung eines nicht näher bezeichneten Schiffes vor Borkum zu folgendem Rechtsstreit: Dem Vogt des Landesherrn waren seit 1712 zwei aus den Insulanern frei gewählte sogenannte Landsmänner beigegeben, die den Vogt bei seiner Arbeit unterstützen, aber zugleich die Bevölkerung vor dessen Eigenmächtigkeiten schützen sollten. Bei der genannten Strandung hatten beide Landsmänner ohne die vorgeschriebene Anweisung des Vogts durch Glockenschlag die Insulaner zum Strand gerufen. Die Landesregierung verurteilte die Landsmänner zu je zehn Goldgulden mit der Wirkung, dass beide ihr Ehrenamt aufgaben und sich jahrelang kein Borkumer mehr zur Übernahme bereit fand.

Ab 1743 erhielt jeder Insulaner, der an einer Bergung beteiligt war, ein Drittel des von ihm Geborgenen.

7. Die Strandung der Prinz von Preussen

Das Schiff der Prinz von Preussen der Emder Asiatischen Kompagnie strandete nach einer wahren Irrfahrt von 18 Monaten am 10. Juli 1755 auf dem Borkumriff. Sofort wurden beide Lotsen verhaftet, was aber den Protest des Emder Magistrates hervorrief, da er die Gerichtsbarkeit der Emder für sich in Anspruch nahm. Die Lotsen wurden suspendiert, erhielten keinen Lohn mehr und eine Freiheitsstrafe von je einem Monat. Am 18. August erfolgte die eidliche Vernehmung der Supercargas (Ladungsexperten) und der Steuerleute der Prinz von Preussen. Die am 20. Juli 1755 abgelegte Erklärung (StA Emden, Kontraktprotokolle, dort in niederländisch) lautet in Übersetzung:

„Mit heutigem Tage, dem 20. Juli 1755, erschienen vor mir, P. Menkema, öffentlich königlich und bei der hohen königlichen Preußischen Regierung in Ostfriesland zugelassenem Notar und innerhalb Emdens tätig, die Herren bzw. Führung des Königlich Preussisch Asiatischen Compagnieschiffes Prinz von Preussen genannt, und erklärten:

Daß der Anfang ihrer Reise mit dem genannten Schiff am 31. Dezember des Jahres 1753 gegen Mittag, als sie unter Segel gingen, begann. Die Tonnen wurden rasch passiert und am Nachmittag der Turm von Borkum. Gegen Abend hatten sie Stille, doch am Tage danach, den 1. Januar 1754, wurden sie durch einen WSW-Wind überfallen, der zwar im ersten Tagesverlauf noch mäßig war, jedoch am Nachmittag derart zunahm, daß sie am Abend gezwungen waren, die Marssegel zu bergen und (sich) vor den Untersegeln beizulegen. Dies behielten sie bis zum 3. Januar bei.

Dann nahm der Wind aus der gleichen Richtung so heftig zu, daß alle übrigen Segel festgemacht wurden und die Mannschaft das Schiff mit dem Großsegel beilegte. Man glaubte, dies ohne Gefahr machen zu können, obwohl es nicht gängige Seemannsart war, und es geschah, daß in der Nacht, als sie trieben, das genannte Großsegel von oben nach unten zerriß und daß sie endlich den Besan beisetzen konnten, was aber auch wenig Effekt hatte. Am anderen Tage, den 4. Januar, beruhigte sich das Wetter, so daß sie beginnen konnten, mit den Offizieren und Schiffszimmerleuten die Schäden zu untersuchen, die im Sturm entstanden waren. Man fand das Eselshaupt des Großmastes gebrochen und den Großmast von oben her gespalten, sodann, daß dieser sich überdies in der außergewöhnlich hohen See durch das heftige Schlingern und Stampfen losgearbeitet hatte und die Gefahr bestand, daß er von oben kommen würde.

Sie hielten Kriegsrat und beschlossen, den ersten besten Hafen zu suchen, sahen diesen auf Grund der Umstände in Norwegen und setzten dorthin ihren Kurs. Kamen am 8ten des Vormittags in die Bucht von Raaswoch, nahmen einen Lotsen und kamen mit seiner Hilfe am gleichen Datum glücklich vor der Insel Hittro in einen bequemen Hafen, nach binnen. Hier wurde das Schiff nach den Umständen repariert bis zum 3. März. Man ging nach Bezahlung der Kosten mit einem umlaufenden Wind in See, um die vorgesehene Reise fortzusetzen, hatte eine gute Reise, so daß man am 17. Mai 1754 den äußersten Punkt vor Afrika, den sogenannten Tafelberg, passierte. Am 7. Juli 1754 sichtete die Besatzung das Land von Java, segelte dann durch die Sunda-Straße und passierte rasch die Banka-Straße, so daß sie endlich am 27. August 1754 auf der Reede von Whampoa, dem bestimmten Ankerplatz bei Kanton in China, ankam, wo das Schiff nach Usancen repariert, kalfatert und so versehen wurde, daß es Kaufmannsgüter aufnehmen konnte, was bald geschah. Es wurde so viel Ladung eingenommen, daß man die dort vorhandenen Untiefen passieren konnte. Am 30. November 1754 verließ man die Reede von Whampoa und kam bis Bocka Tigri, wo man die weiter projektierte Ladung einnahm. Es war der 1. Dezember.

Am 7. und 8. Dezember zeigten die Pumpen mehr Wasser als sonst, so daß die Mannschaft gezwungen war, das genannte Schiff unter Land im Schlick aufzuset-

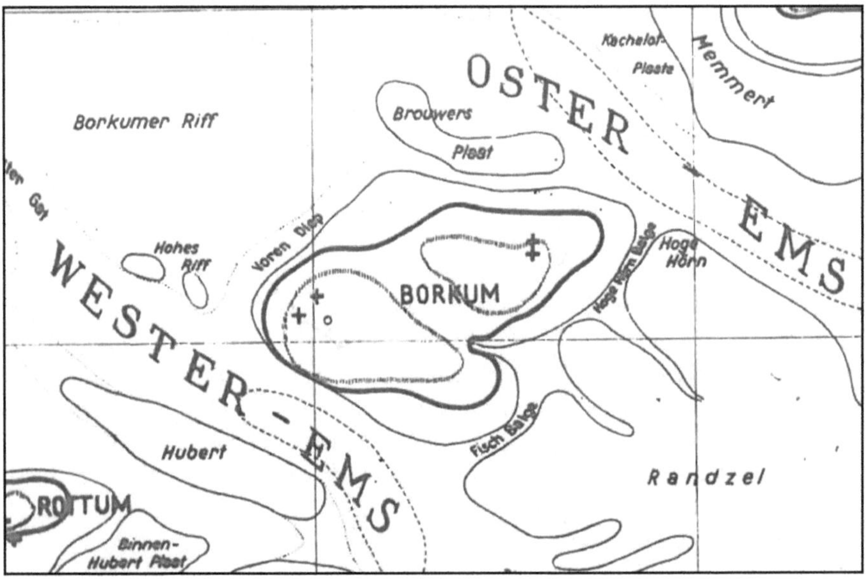

Karte der Emsmündung von 1790 (R. W. Feldmann)

zen. Um die Leckage zu suchen, beschloß man im Schiffsrat mit den bestellten Supercargas von Kanton, im Bug auf der Steuerbordseite unter dem Blagsbalg beim Knie etwas wegzukappen. Am 11. Dezember fand man als erstes ein altes Bovetaged (?) ganz offen, und das Bergholz am Steven im ganzen schlecht. Deswegen war die Besatzung besorgt. Die Arbeiten wurden begonnen mit der Hilfe des Zimmermanns von der Prinz von Preussen *als auch von der* König von Preussen, *und sie verliefen so, daß man das Schiff am 15. Dezember wieder von der Sandbank abbrachte und es an seinem Ankerplatz gut und dicht befand. So konnte man mit der weiteren Beladung fortfahren.*

Am 7. Januar 1755 konnte das Schiff unter Segel gehen und am Tage darauf kam es in See. In der China-See war man am 9ten und 14ten, hatten heftigen Wind mit hoher See, so daß das Schiff viel Wasser überbekam, ohne daß man jedoch irgendwelche Leckagen am Schiff entdeckte. Im weiteren Verlauf der Reise passierte es mit handlichem Wind und Wetter die Banka- und Sunda-Straße. Es hatte um „De Zuid" am 17ten, 18ten und 19ten Februar einen schweren Sturm zu überstehen, so daß es genötigt war, unter den Untersegeln beizuliegen, wobei es schwere Sturzseen überbekam.

Gleiches wiederholte sich in einem Sturm am 22. und 23. März. Nachdem sich das Wetter um „De Zuid" endlich beruhigt hatte, konnte das Schiff ohne weitere Schwierigkeiten die Reise fortsetzen. Am 4ten April 1755 ging von dieser Welt Kapitän Melle Moijeweer, und der Leutenant Luitje Caspars Groenewee übernahm die Schiffsführung. Unter seiner Führung gelangte das Schiff ohne weitere Probleme am 29/30. Juni und 1. Juli in die Gründe vor dem Kanal. Hier traf man auf schwere Stürme mit außergewöhnlich hoher See, wodurch das Schiff sehr viel Wasser übernahm. Sobald der Wind besser war, segelte es durch den Kanal, man hatte danach viel contrairen Wind und Flauten, so daß man endlich am 10. Juli 1755 um zwei Uhr morgens einen Fischer als Lotsen an Bord bekam, mit welchem der Kapitän eine Summe von 100 Gulden aushandelte, damit er das Schiff vor die Ems bringe.

Zur weiteren Sicherung von Schiff und Ladung waren am selben Morgen um acht Uhr zwei Lotsen der Compagnie mit Namen Caspar Luitjes und Jan Tichelar an Bord gekommen. Unter ihrer Führung nahm das Schiff seinen Kurs, um so schnell als möglich binnen zu kommen. Doch nach einer Stunde stellte die Besatzung mit Hilfe des Handlotes fest, daß sie durch den Strom auf eine Bank getrieben wurden, worüber der vorige Lotse ärgerlich war. Desselben Morgens gegen neun und zehn Uhr geriet das Schiff auf das Borkumer Riff, es lief so hart auf, daß die Ruderha-

ken abbrachen. Außerdem brach ein schwerer Heckbalken oberhalb des Ruders, so daß die ganze Kajüte aufsprang. Die Schiffszimmerleute kappten die Ruderpinne weg, um der drohenden Gefahr zu begegnen. Nachdem die Ruderpinne abgeschlagen war, fiel das Ruder ins Wasser, obwohl es mit Tauen gesichert war, die jedoch durch den Seegang brachen. Mit der großen Schaluppe und einem Fahrzeug, das zur Assistenz abgesandt worden war, versuchte man vergebens, das Schiff aus seiner gefährlichen Situation zu befreien.

Bei Ebbe lag es mit Schlagseite auf zwei Faden Wasser, und in aller Eile wurde beschlossen, soviel als möglich zu löschen, um es achtern zu leichtern. Bei dieser Gelegenheit wurden vier Kanonen, alle Seidenstoffe, 570 Kisten Tee gelöscht. Diese Leichterung hatte den Erfolg, daß das Schiff bei Flut, als das Wasser seinen höchsten Stand hatte, und zwar in der Nacht zwischen 11 und 12 Uhr, wieder flott war, wobei es jedoch schrecklich stieß und über den Grund scheuerte, bis es endlich in tiefem Wasser vor Anker kam.

Als das Schiff noch fest saß, wurde an den Pumpen keine Leckage gefunden. Zu der Zeit war es umgeben von einer großen Anzahl von Fischerfahrzeugen der Insel Schiermonnikoog, ungefähr 20 bis 25 an der Zahl, die aufgefordert wurden zur Assistenz. Sie waren jedoch dazu nur bereit, wenn sie ein Drittel von dem Wert der Güter als Bergelohn erhielten. Weil kein anderes Mittel zum Leichtern oder Bergen vorhanden war, um Schiff und Ladung zu retten, wurden dann sieben Fischerfahrzeuge – darunter auch das unseres ersten Lotsen – unter dem Versprechen einer ehrlichen Entlohnung angenommen, um das Schiff nach binnen zu bugsieren, was dann auch geschah, so daß das Schiff am 15ten Juli unter Delfzijl vor Anker lag. Hier wollte man am folgenden Tage zwischen 10 und 11 Uhr den Anker hieven und unter Segeln gehen, um zu erfahren, ob man die Hoek van Logum besegeln könne. Doch dies gelang nicht, alle Mühen, den Anker hochzubringen, waren fruchtlos, obwohl man bereits beim Hieven altes und neues Tauwerk am Spill kaputtgerissen hatte. Auch als man einen sechsscheibigen Block aufsetzte mit einer schweren Pferdeleine, wurde alles in Stücke gerissen. Die Mannschaft hatte keine weitere Möglichkeit, den Anker loszubekommen, der vermutlich an einem alten Wrack oder Sonstigem festsaß. Deshalb wurde beschlossen, das Tau zu kappen mit ungefähr zehn Faden. Als dies geschehen war, ging das Schiff unter Segel und kam bei der Hoek van Logum vor Anker.“ [27]

Zur Ladung des Schiffes gehörten:

Ein parthey Porcelain von folgender Qualitaet.

83 731 pr.Caffe Thassen divers
96 828 pr.Thee Thassen divers
12 669 pr. Chocolade Thassen divers
30 554 Stuck Flache Teller divers
17 069 dito Suppen Teller divers
2 017 Thee Potten divers
360 Butter Potten divers
1 210 Kummen mit Schalen
1 737 Punch-Kummen divers
17 500 Spühl-Kummen blau und weiss
5 618 Halbe Kummetetjes blau und weiss
201 Saucieres divers
35 Milch-kannnen Schwartz mit Gold
38 Taffel Servicen von 112 Stuck blau und weiss
30 dito von 112 Stuck eckigt
26 dito von 112 Stuck weiss. emalliert mit Gold
45 Sätze Taeffel Schussels von differenter Grösse emailliert mit Gold
25 Sätze Pastet Schussels à 2 in 1 Sätz
40 Terrinnen mit Schussels und Deckels, blau und weiss
340 Saladieres divers.
24 Sätze Snellen oder Bier-Kannen à 3 in 1 Sätz, blau und weiß
169 Wasser Potten divers
131 Thee Servicen divers, weiss emailliert mit Gold
193 Dessert Schalen, blau und weiss, durchgebrochen
258 Gorgelets mit ihrem Schalen divers
470 Stuck oder 47 Stellen von 10 Stuck jeder Stell Chinesische Bilder und Figuren

Die Ladung war also äußerst wertvoll. Nach einer anderen Quelle zwang der Kapitän die Besatzung, die vom Schiff fliehen wollte, mit Gewalt an Bord zu bleiben, bis das Schiff bei der nächsten Flut und günstigem Wind freikam.

8. Strandvögte und Strandräuber

Nach dem Ende des Spanischen Erbfolgekrieges begann für die Insel der Höhepunkt des Walfangs. Im Jahre 1634 fuhren Borkumer – und zwar vor allem auf niederländischen, aber auch hamburgischen Schiffen – erstmals in die Arktis, ins Nordmeer nach Spitzbergen, Grönland und später auch in die Davisstraße. Zwar waren im Kampf mit dem Wal viele Todesfälle zu beklagen, aber die Offiziere wurden am Fang beteiligt und brachten, wenn sie heimkehrten, viel Geld mit auf die Insel. Zahlreiche Borkumer wurden Walfangkommandeure (Walfangkapitäne), und bald begann für die Insel eine Zeit des Wohlstandes; man war nun nicht mehr vom Strandgut abhängig. Daher sind aus dieser Zeit Schiffsstrandungen kaum überliefert. 1759 beschuldigte der Inselvogt die beiden Landsmänner Wim Welchers Bott und Daniel Gerrits Meyer, sie hätten die Einwohner ohne ihn zu informieren durch Glockenschlag alarmiert, um Wrackstücke zu holen. Meyer gab zu, dass sein Mitlandsmann Bott die Glocke habe schlagen lassen; das sei aber nötig gewesen, denn der Vogt und er seien beim Visitieren des Strandes nicht vor Ort gewesen. Bott habe rasch handeln müssen und nicht erst die Rückkehr abwarten können. Im Übrigen hätten sie dem Vogt vier Fuder Holz gegeben, obwohl ihm nur zwei zustünden. Das Andere sei an arme Leute gegangen. Dies sei die Ordnung des Landes.

Ein anderes Mal sei der Vogt mit beiden Landsmännern nachts zum Bergen von Weinfässern unterwegs gewesen. Dabei seien sie auf Strandläufer gestoßen. Nach Aussagen des Vogts habe Meyer gerufen: Lauft, hier kommt der Vogt! Meyer stellte es dahingehend richtig, dass er sich mit einem Stock gegen die auch mit Stöcken bewaffneten Strandräuber habe wehren müssen, wobei sein Stock zerbrochen sei. Da habe er gerufen: „*Ik rad, dat ji gat.*“ (Ich rate, dass Ihr geht). [28]

Etwas östlich des Großen Kaaps, in der Nähe des heutigen Katholischen Kinderheims wurde 1780 Borkums erstes Leuchtfeuer errichtet. Dies führte dazu, das weniger Schiffe vor der Insel strandeten. Im Jahre 1792 strandete das englische Schiff THE LIBERTY, das wertvolle Güter geladen hatte, auf dem Nordwest. Die Insulaner bargen so viel sie konnten von der Ladung. Der Weg zu der Strandungsstelle führte durch die Nordwestdünen und wurde „Engelse Pad“ genannt. Eine Straße in dieser Gegend trägt heute diesen Namen.

Der Kriegskommissar Freese besuchte 1796 für einige Tage Borkum. In seinem Bericht ließ er kein gutes Haar an der Insel, unter anderem, weil es noch kein Rettungsboot gab:

„An Schiffe zur Rettung darf gar nicht gedacht werden, da selbst nicht einmal eine Jölle oder ein Boot auf der ganzen Insel vorhanden ist. Ein englisches Schiff, das durch den anhaltenden heftigen Sturm in die Westerems einlief, tat verschiedene Notschüsse um einen Lotsen, allein zu jener Ursache vergeblich und blieb daher auch seinem Schicksal überlassen.“ [29]

Als am Ende des 18. Jahrhunderts die englische Navigationsakte und bald darauf die napoleonische Kontinentalsperre die Schifffahrt lahm legten, konnten auch die Walfänger nicht mehr in die Arktis gelangen. Wieder brach über Borkum eine Armut herein, von der sich die Insulaner erst mit dem aufkommenden Tourismus Mitte des 19. Jahrhunderts erholten.

Nach wie vor beteten die Borkumer und andere Insulaner: *„Gott segne unseren Strand“* (mit Strandgut). Aus dieser Zeit stammt ein Lied, das von Borkumern noch heute gesungen wird. Der 1. Vers lautet: *„Achter de greune Boomelkes, da lagg ein engels Skip, dej Franzmann was gekomen, was nett so geck as ik.“* (Hinter den grünen Bäumchen, da lag ein englisches Schiff. Der Franzose der kann kommen, war genauso keck wie ich).

Erst mit dem Ende der napoleonischen Kriege konnte man sich wieder mit Seezeichen und Leuchtfeuern zur Sicherung der Emseinfahrt beschäftigen. Im Jahre 1805 wurde die renovierungsbedürftige Borkumer Kirche durch ein neues Gotteshaus ersetzt (Kirche Nr. 5). Der Umbau wurde jedoch teurer als erwartet. Darum sah es die verarmte Inselbevölkerung als einen besonderen Glücksumstand an, dass ein Transchiff vor den Borkumer Sandbänken strandete. Der gewonnene Erlös war so groß, dass aus ihm die fehlenden Gelder genommen werden konnten. [30] Im Jahr 1817 rüstete man den Alten Turm von 1576 erstmals mit einer Laterne aus. Diese wurde mit Petroleum befeuert. Von diesem Zeitpunkt an war das Borkumer Wahrzeichen erstmals ein Leuchtturm (für nur 62 Jahre). Vorher war der Turm 241 Jahre lediglich ein Tagessichtzeichen für die Segelschiffe gewesen, die bei einbrechender Dunkelheit bis zum nächsten Morgen vor Anker gingen. Strandungen blieben dennoch nicht aus. [31]

Eine Strandung im Jahr 1838 führte sogar dazu, dass ausländische Zeitungen über Borkum berichteten:

Die Brigg Braganza, segelte mit einer Ladung Zucker von St. John (Puerto Rico) nach Genua. Vor Philadelphia, dem Heimathafen des Zweimasters, geriet das Schiff in Seenot, konnte aber seine Fahrt nach Reparaturarbeiten fortsetzen.

Am 5. August um 2 Uhr nachmittags kam es auf 37° Breite und 16° Länge, südlich von Sizilien, zur Meuterei. Durch Lärm aufgeschreckt stürmte der Kapitän Turley mit dem 2. Steuermann Moir an Deck. Der Kapitän war mit einem Entermesser bewaffnet, der Offizier unbewaffnet. Sie fanden den 1. Steuermann auf dem Niedergang blutend vor. Trotz seiner schweren Verletzungen gelang es ihm die rettende Kabine zu erreichen. Auf dem Deck wurden Turley und Moir von fünf meuternden Besatzungsmitgliedern angegriffen und überwältigt. Mr. Moir wurde über Bord geworfen, hatte aber das Glück, sich mit einem Tampen wieder an Bord ziehen zu können. Er flüchtete in die Kabine. Währenddessen gelang es den Meuterern den Kapitän über Bord zu werfen und die Brigg in ihren Besitz zu bringen. Danach vernagelten die Meuterer die Kabinentür und die Luke. Somit waren Mrs. Turley, die beiden Steuermänner sowie der Eigentümer des Schiffes Mr. Diehl, und seine Ehefrau eingesperrt. Der Erste Steuermann war schwer verletzt, das Gesicht zerschnitten und sein Schädel gebrochen. Auch der Zweite Steuermann war verletzt, er konnte seinen Arm nicht mehr bewegen. Sechs Stunden nach Ausbruch der Meuterei warfen die Matrosen eine Planke auf den Lukendeckel am Heck, um die Herausgabe der Navigationsinstrumente zu erzwingen. Die Meuterer drohten darüber hinaus damit, die Frau des Kapitäns und den Ersten Steuermann über Bord zu werfen, falls ihre Forderungen nicht erfüllt würden. Die Gefangenen meinten zu Ersticken und gaben den Forderungen der Meuterer nach. Mittels eines Eimers, der durch das obere Kabinenfenster heruntergelassen wurde, wurden die geforderten Utensilien an Deck geholt – Chronometer, Sextanten, Seekarten sowie Schmuck und Geld. Zwei Tage nach der Meuterei, legten die Matrosen Feuer im Laderaum, da sie noch mehr Wertgegenstände bei den Eingeschlossenen vermuteten. Der Rauch in der Kabine entwickelte sich so stark, dass das Atmen schwer fiel. Nach langem Flehen der Gefangenen wurde das Feuer gelöscht. Die Passagiere, bestehend aus dem Schiffseigner Georges Diehl und Frau, der Gattin des ermordeten Kapitäns samt dem Zweiten Steuermann Moir und dem Koch der Brigg wurden in einem Beiboot ausgesetzt, nachdem am 11. August ein Schiff in Sicht kam. Am 12. August wurden diese von der Brigg HEBDEN, von Licata/Sizilien kommend, aufgenommen, Die Geretteten trafen am 25. August 1838 in Greenock/Westschottland ein.

Die Meuterer segelten mit dem Schiff weiter in Richtung Nordsee, verloren aber vor Borkum die Orientierung. Hierüber berichtete die Süddeutsche Zeitung für innere Politik, Literatur, Kunst und Gewerbe:

„Am 23. August 1838 strandete auf dem Memmert bei Borkum eine amerikanische Brigg, und es haben sich von der Schiffsmannschaft fünf Matrosen, teils Engländer teils Holländer von Geburt, aufs feste Land gerettet, und sind nach Emden gekommen. Schon die Eile, mit welcher vier derselben ihre Entfernung betrieben und Fahrgelegenheit nach Brake suchten, erregte Verdacht, als noch mehrere Umstände hinzutraten, welche vermuten ließe, dass nicht Sturm oder sonst ein Missgeschick, sondern vielmehr ein schweres Verbrechen den Untergang des Schiffes veranlasst haben möchte. Die Geretteten befinden sich nämlich nicht nur im Besitze einer Menge Kleidungs- und Schiffs-Inventarien-Stücke, sondern es fehlten auch von der Besatzung der Kapitain, der Steuermann, der Bootsmann und der Koch, welche das Opfer einer Meuterei geworden zu sein scheinen. Die Criminalbehörde von Emden hat daher eine Untersuchung eingeleitet und einen dieser Matrosen, dessen sie habhaft werden konnte, verhaften lassen. Den Fünften der Geretteten, der mit einem Schiffe nach Hamburg unter Segel gegangen war, wurde ebenfalls nachgesetzt, und auch gefangen eingebracht, indem der widrigen Winde das von ihm bestiegene Schiff an der Mündung der Ems zurückhielt.“

Nach ihrer Strandung am 23. August stiegen die Meuterer in ein Boot und trafen auf einen Fischer, bei dem sie sich nach dem Festland erkundigten. Der Fischer brachte sie zu einem Bauernhof, auf dem sie übernachteten. Währenddessen waren am Wrack der Braganza viele Boote damit zugange die Ladung zu bergen. Dabei fiel auf, dass die Namensplanke der Brigg fehlte und es kamen unter den Bergern Gerüchte auf, dass auf dem Schiff gemeutert wurde und es absichtlich festkam.

Am nächsten Tag wurden die Schiffbrüchigen ins Dorf gebracht. Ein Insulaner, der spanisch sprechen konnte, fragte die Besatzung nach den Umständen der Strandung. Keiner sagte etwas. Darauf befragte der Borkumer den Schiffsjungen alleine, der dann mit der Wahrheit herausrückte. Unauffällig wurde ein Schiff nach Emden geschickt, um einen Trupp Soldaten zu holen, der die Meuterer festnehmen sollte.

Da in Spanien damals auf Meuterei die Todesstrafe stand, wurden bis auf den Schiffsjungen alle Meuterer erhängt. Das Wrack war für die Insulaner leicht zugänglich, und so war es kein Problem, den Zucker abzubergen. Der Zuckerbedarf der Borkumer war für lange Zeit gedeckt. [32]

Im Jahr 1846 erließ der König Ernst August von Hannover eine Strandordnung, die erstmals Bergungsrechte und Löhne festlegte.

9. Die Gründung der DGzRS

Nach der verheerenden Strandung der ADVENTURE 1789 in der Tyne-Mündung wurde in England erstmals ein Bootstyp entwickelt, der ausschließlich zur Rettung von Schiffbrüchigen verwendet wurde. Mehr als 30 Boote dieses Typs wurden seinerzeit gebaut.

Im Jahr 1824 wurde dann in England eine Rettungsgesellschaft gegründet, aus der später die heutige „Royal National Life-Boat Institution" (RNLI) hervorging.

In demselben Jahr wurden in den Niederlanden zwei Rettungsgesellschaften gegründet: In Amsterdam die „Noord- en Zuid- Hollandse Redding Maatschaapij" (NZHRM), die für den Rettungsdienst vom Dollart bis nach Scheveningen zuständig war, sowie in Rotterdam die „Zuid-Hollandse Maatschaapij tot Redding van Schipbreukelingen" (ZHMRS), die den Rettungsdienst in der Rhein- und Scheldemündung ausübte.

In Deutschland gab es ab 1810 vereinzelte Bemühungen, Rettungsboote zu stiften. Die staatliche Zersplitterung Deutschlands jedoch behinderte die Schaffung einer zentralen Rettungsgesellschaft. In den 1850er Jahren wurde erstmal eine öffentliche Diskussion über Rettungsmittel geführt. Am 9. November 1854 strandete dann vor Spiekeroog das Auswandererschiff JOHANNE. Durch einen Artikel über diese Strandung, den die Weser-Zeitung am 11. November 1854 veröffentlichte, wurde das Thema weiter aufgeheizt. In diesem schildert ein Augenzeuge die Strandung: *„Fast noch trauriger als eine Übersicht so vieler Leichen ist der Anblick der Lebenden in solchem Elende, dass die Todten beneidenswerth erscheinen ... Unter Anderem sind von 2 Paar Verlobten beide Bräute umgekommen. Ein Mädchen, bis zur Unkenntlichkeit verletzt und momentan ihres Gesichtes beraubt, forscht vergebens nach ihren Eltern und Geschwistern. Ein Säugling wurde gesund und wohl gerettet, doch ach! die Mutter fehlt. Ein Knabe von etwa 4 Jahren harrt seiner Mutter, an deren Seite er den vorausgereisten Vater in Amerika aufsuchen will. Eine Frauenleiche lag am Strande mit zerschmetterten Armen, vielleicht war sie eine dieser Mütter."* [33]

Die Bestrebungen zur Gründung eines einheitlichen deutschen Staates prägten auch zusehends die Debatte um einen Rettungsdienst an Deutschlands Küsten. Mit dem Umbruch der deutschen Gesellschaft von der Agrar- zur Industriegesellschaft kam Mitte des 19. Jahrhunderts die soziale Frage auf, und die Menschen begannen sich nunmehr auch für das Schicksal von Schiffbrüchigen zu interessieren. Einige Jahre vergingen, ohne dass die Diskussionen zu einem Ergebnis führten, bis die Weser-Zeitung wieder von einem tragischem Schiffsunglück berichten musste:

Am 30. September 1860 lesen wir dort:

„Nordwestlich von Borkum, die breite Ausfahrt der Wester-Ems gleichsam in zwei Stücke reißend, liegt das bei allen Seeleuten als furchtbar bekannte Borkumer-Riff. Unzählige Schiffe sind im Laufe der Zeit schon dort gescheitert, jeder Bewohner Borkums kennt die Gefahr. Dem Badegast markiert sich das Borkumer-Riff gleich am ersten Tage, wenn er, über die Dünen zum Strande steigend, weiße Schaumkämme gewahrt, die nicht gar weit ins Meer hinaus unablässig die trüglich verborgenen Untiefen umkreisen. Die vorherrschend nördlichen und nordwestlichen Winde treiben, wenn dort ein Schiffbruch stattfindet, Wrack und Leichen an den Strand von Borkum. Verhältnismäßig selten geschieht es, daß ein Boot der Insel sich durch die Brandung kämpft und unglückliche Schiffbrüchige rettet. Ein eigentliches Rettungsboot, wie es die heutige Mechanik in so vollkommener Weise zu construieren versteht, besitzt die Insel nicht. Auch ist für die regelmäßige Bewachung und Begehung des Strandes, wie sie an englischen Küsten stattfindet, hier bisher nichts gethan.

Bei der am Morgen des 10. September geschehenen Strandung des Schiffes Alliance *(Cap[itän] Hillers, kommend von Sunderland und gehend nach Geestemünde) hätte freilich auch ein Rettungsboot wenig genützt. Der Wind hatte am Sonnabend und Sonntag (8. und 9. September) scharf auf Nordwest gedreht. Die See ging hoch, doch war kein Sturm: an derselben Küste, wo später die Strandung geschah, hätten wir baden können. Es war Sonntag Abends spät, als drei Badegästen, die zusammen wohnten, von ihren Wirthsleuten berichtet wurde, es treibe in Sicht ein großes zweimastiges Schiff, das verletzt zu sein scheine. Mit der Gefahr jedoch zu wenig vertraut, auch in dem Gedanken, daß dies ja Sache der Insulaner sei, begaben sich jene zur Ruhe, ohne daß wir Andere – es waren ungefähr noch zehn Fremde auf der Insel – an dem Abend irgend etwas erfuhren. Dagegen mußten einzelne Bewohner Borkums (dieses eng zusammenliegenden, nur 400 500 Seelen zählenden Dorfes) schon am Abend aufmerksam gemacht sein. Der nur zu begründete Verdacht liegt nahe, daß die Mitwisser der Gefahr, welche kein Insulaner verkennen konnte, absichtlich schweigen, um, wenn das Unglück geschah, beim Strandraub die Ersten sein zu können. In der Frühe des Montags Morgens ward im Dorfe von den Melkerinnen Hülfgeschrei gehört (von der Stelle, wo das Wrack bereits fest saß, bis an das Dorf, das unmittelbar an die Dünen stößt, beträgt die Entfernung höchs-*

„Wrack der Alliance", Aquarell von Hans-Peter Jürgens (Archiv DGzRS)

tens zehn Minuten, und der Wind trieb den Schall der Stimmen gerade herüber); es ward für Rufe der Gespenster in den Dünen erklärt. Diese Frauen mochten aus Indolenz und Aberglauben fehlen, aber es lagen um dieselbe Zeit schon Männer lauernd in den Dünen und am Strande, die ungerührt vom Hülfgeschrei der Scheiternden den Moment abpaßten, wo das Wrack zum Lande treiben würde, um sich als die Ersten der Werthsachen zu bemächtigen. Ihnen lag daran, daß kein Alarm im Dorfe geschlagen werde, damit Schiff und Mannschaft umso sicherer zu Grunde gingen.

Die Brigg, ein freilich altes und morsches (?) Fahrzeug, welches Kohlen führte und – wie aus den später aufgefundenen Schiffspapieren hervorging – mit dem Capitän neun Personen Bemannung hatte, war etwa um 3 Uhr Morgens auf den Strand gelaufen. Im Dorfe aber war bis kurz vor 5 Uhr alles ruhig. Um diese Zeit kam ein Badegast, ehemals selbst Capitän, an den Strand, um zu baden. Er sah das Wrack, welches sehr nahe an der Küste aufgelaufen war, noch zusammenhängen; nur die Deckskajüte war abgerissen und ans Trockene getrieben worden. Am Strande be-

fanden sich einzelne Insulaner, die das Schauspiel gesehen, ohne zu alarmieren: einer von ihnen kam aus der gestrandeten Kajüte. Diesen forderte der Capitän auf, mit der Nachricht ins Dorf zu eilen und fand ihn scheinbar willig; während er sich aber an Andere wandte, verschwand jener Mensch noch einmal in der Kajüte, aus der er erst nach wiederholtem Rufen zum Vorschein kam. (Später fanden sich an den Schlössern und Schubladen Spuren gewaltsamen Aufbrechens.) Es gelang dem Capitän nicht, die gegenwärtigen Insulaner für die Rettung der auf dem Wrack befindlichen Unglücklichen in Bewegung zu setzen. Indessen löste sich das Wrack in drei große Trümmermassen, von denen die eine, eine ganze Schiffsseite, sich über schlug; eine andere große Trümmermasse trieb dem Strand noch näher. Unter letzterer wurde später, als die Ebbe sie aufs Trockene legte, noch eine Leiche hervorgezogen. Ein Rettungsversuch wäre vielleicht erfolgreich gewesen, und hätte um so mehr gemacht werden müssen, als dieser Theil des Wracks nicht weiter in die See hinauslag, als die kühnsten Badegäste selbst bei höheren Wellen sich mehrfach zu gehen getraut hatten. Gleichwohl geschah auch jetzt nichts, obgleich allmählig auf die nun sich verbreitende Kunde die Bevölkerung des Dorfes sich sammelte. Diese fiel mit gieriger Habsucht über die zum Ufer treibenden Holzscheite, Stricke, kleine Utensilien u.s.w. her, kaum die ersten drei Leichen beachtend, die darunter an den Strand trieben. Nur ein junger kräftiger und gebildeter Mann, der erst diesen Sommer auf die Insel gezogen war, wollte den Versuch machen, durch die Brandung mit einer Leine bis zum Wrack vorzudringen; aber er wurde mit der feigen und dazu noch unbegründeten Warnung zurückgehalten, zwischen ihm und dem Wrack sei nicht ebener, sanft abgedachter Boden, sondern es befänden sich dort Löcher und Tiefen. Einer der herbeigeeilten Badegäste suchte einen Insulaner, der eben mit „Strandjen“ beschäftigt war, zu einem ähnlichen Rettungsversuch zu bewegen, indem er ihn erinnerte, daß es sich hier um Menschenleben handele; jener aber nahm seine Last Holz und ging davon, indem er in seinem Dialekt sagte: „Ja, wat is ein Minskenleben?'

So ging hier ein Schiff zu Grunde und neun Menschen ertranken, ohne daß auch nur ein Versuch zu ihrer Rettung gemacht wäre. Jener Capitän, der zuerst von den Badegästen am Strande gewesen, und der als Sachverständiger gelten kann, erklärte uns nach seiner heiligsten Überzeugung, daß selbst da noch, als er das Wrack zuerst gesehen, wenigstens die Menschen hätten gerettet werden können, wenn schleunigst Maßregeln getroffen worden wären. Als ein besonders gravirender Umstand kommt noch dieses hinzu: einer von den Leuten, die derselbe bei seiner Ankunft schon am Strande vorfand, hatte ihm erzählt, daß er nach drei Uhr das Schiff habe auf die Insel zutreiben und noch kurz vor der Strandung eine Wendung habe machen sehen; also zwei Stunden hatte man, um zu retten und nichts geschah! Und dazu war die See nicht so hoch, daß nicht ein muthiger Schiffer ein Boot hätte durch die Brandung führen können, zumal diese selber in ihrer Kraft durch die vorliegende Breitseite des Wracks geschwächt wurde; ja, obenein lag auf der Rhede der Insel, am entgegengesetzten Strande, das Emdener Dampfschiff, dessen später herbeieilender Capitän mit Entrüstung erklärte, zeitig benachrichtigt (und er konnte zeitig Nachricht haben!) hätte er seinen Dampfer um die Insel geführt, und so nicht das Schiff, so doch die Mannschaft gerettet.

Ich selber, der erst spät am Morgen von der Strandung erfuhr, habe, als ich um acht Uhr zum Strand kam, nur noch den Graus der Verwüstung, die wie zum Jahrmarkte lustig herausziehende Bevölkerung – Männer, Weiber, Kinder, alle wild und regellos zugreifend, wo etwas zu haben war – und die empörende Behandlung gesehen, die den Leichen der Gestrandeten zu Theil ward. Vier derselben hat bis jetzt das Meer behalten, die übrigen, fünf schöne, kräftige Männer, ließ man zuerst, nachdem sie auf Betreiben der Badegäste aus dem Wasser und unter den Schiffstrümmern hervorgezogen waren, unbeachtet auf dem Strande liegen, selbst ohne auch nur schonend ihr Angesicht zu verdecken; dann wurden sie auf den sogenannten „Tränkeldodsfriedhof" gefahren, eine öde und unumfriedete Stelle in den Dünen, die kein Kreuz, keine Hecke, ja kein Grabhügel als einen Kirchhof bezeichnet; hier ließ man sie den ganzen Tag und die folgende Nacht unbedeckt in ihren Kleidern unter freiem Himmel liegen und scharrte sie dann ohne irgend eine Feierlichkeit ein – genug, daß man jedem einen dürftigen Sarg gab. Was Wunder, wenn dann später der Aberglaube die Gespensterstimmen in den Dünen jammern hört."[34]

Der Navigationslehrer Adolph Bermpohl in Bremen war von den Ereignissen so erschüttert, dass er am 21. November 1860 in der „Wochenschrift für Vegesack und Umgegend" folgenden Aufruf verfasste:

„Selten birgt ein Jahr wie das verfließende so viele Unglücksfälle zur See in seinem Schoße, und selten hat das Element des Wassers so viel Opfer an Menschenleben gefordert wie in diesem Jahre. Von allen Meeren ist es aber wiederum die Nordsee, welche in diesem traurigen Register den Schauplatz für die meisten Verluste an Leben und Gut gefordert hat, und überfliegen wir die Berichte über diese trübseligen Ereignisse, so sind es auch die deutschen Küsten, an denen eine namhafte Anzahl von Menschen das Leben eingebüßt hat. Während die Ufer der meisten zivilisierten Staaten, soweit sie von der Nordsee umspült werden, Dänemark selbst nicht ausgenommen, den mit der Wut der Elemente Kämpfenden durch Rettungs-

stationen wenigstens die Möglichkeit einer Hilfe vor dem Äußersten bieten, bringen die deutschen Ufer den Schiffbrüchigen nicht nur keine Hilfe, sondern dieser ist, selbst wenn sein Leben gerettet werden könnte, zu sehen genöthigt, wie einzelne entmenschte Inselbewohner seinen Tod wünschen, um in erbärmlicher Habsucht das so genannte Strandrecht ausüben zu können!

So ist es an den Küsten Deutschlands und nichts ist bis jetzt geschehen, um einer Pflicht Rechnung zu tragen, deren Erfüllung, wäre Deutschland ein einiges Reich, wohl schon lange von Seiten seiner Regierung in Angriff genommen sein würde. Nichtsdestoweniger ist es eine Schmach für Deutschland, daß nicht, wie lange vorher in anderen Staaten, dieser ersten Pflicht der Humanität genügt ist. Die Royal National Lifeboat Institution in England besitzt jetzt an den Küsten Großbritanniens mit Ausnahme anderer Privatgesellschaften 101 Rettungsstationen und hat die Genugthuung, während der Zeit ihres Bestehens, seit 36 Jahren, mehr als 11,000 Menschen gerettet zu haben. Man wird sehen, welche Resultate diese Einrichtung auch in diesem verhängnißvollen Jahre gehabt haben werden. Es erscheint demnach an der Zeit [...] endlich auch für Deutschlands Küsten Rettungsstationen zu errichten. [...] In diesem Falle ist es wohl die einzige Möglichkeit, den Wohltätigkeitssinn der gesamten deutschen Nation zur Realisierung dieses Vorhabens heranzuziehen. Deshalb geht hiermit an alle Deutsche der ernste Ruf, sich an diesem Werke der Wohltätigkeit nach Kräften zu beteiligen.“

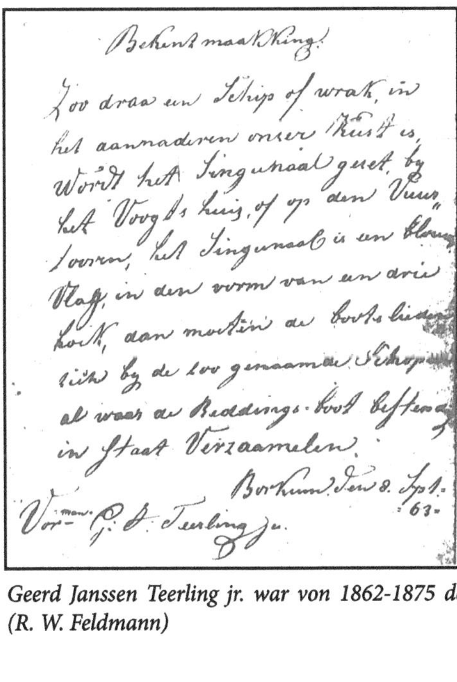

Bekentmaaking!

Zoo draa een Schip of wrak, in het aannaderen onzer Kust is, Wordt het Singenaal geeft by het Voogds huis, of op den Vuurtoorn; het Singenaal is een blaauw Vlag, in den vorm van een driehoek, dan moeten de bootslieden zich by de zoo genaamde Schop al waar de Reddings-boot bestemd in staat Verzaamelen.

Borkum den 8. Sept. 63.

Vor-man G. J. Teerling jr.

Geerd Janssen Teerling jr. war von 1862-1875 der 1. Vormann der Rettungsstation Borkum (R. W. Feldmann)

Dieser Aufruf war ein voller Erfolg. Es folgte eine Reihe von Zeitungsartikeln zur Einrichtung eines Rettungswerkes an Deutschlands Küsten. Diese wurden von Vegesacker Schifferkreisen und der Bremer Handelskammer aufgegriffen. Dessen Vorsitzender war H. H. Meier, einer der einflussreichsten Persönlichkeiten im Bremer Wirtschaftsleben und Gründer des Norddeutschen Lloyds.

Am 2. März 1861 gründete der Oberzollinspektor Georg Breusing in Emden den „Verein zur Rettung Schiffbrüchiger in Ostfriesland".

Bereits 1862 wurde in den Südwestdünen Borkums ein Rettungsschuppen errichtet und das 30 Fuß lange Ruderrettungsboot OSTFRIESLAND (10 Riemen) auf der Insel stationiert. Ein Jahr später erhielt Borkum eine weitere Rettungsstation in den Nordwestdünen auf dem Ostland, das Anfang 1863 erstmals fest mit dem Westland verbunden worden war. Dort wurde das 20 Fuß lange Ruderrettungsboot UPSTALSBOOM (6 Riemen) stationiert. Die aus Holz gebauten Schuppen mussten schon nach wenigen Jahren durch steinerne ersetzt werden.

Der erste Vormann der Rettungsstation Borkum, Geerd Janssen Teerling jr.(1828-1917), verfasste am 8. September 1863 einen ersten handschriftlichen Aufruf zur Rettung Schiffbrüchiger:

„Bekanntmachung!

Treibt ein Schiff oder Wrack in der Nähe unserer Küste, wird das Signal gesetzt bei dem Hause des Vogts oder auf dem Feuerturm (Leuchtturm). Das Signal ist eine blaue Flagge in Form eines Dreiecks. Dann müssen sich die Bootsleute bei dem sogenannten Schuppen, wo sich das Rettungsboot befindet, in Staat versammeln.

Borkum, den 8. Spt. 63

Vormann G. J. Teerling jr."

Statut

des

Vereins zur Rettung Schiffbrüchiger in Ostfriesland.

§ 1.

Der Verein bezweckt die Rettung Schiffbrüchiger vorerst an den ostfriesischen Küsten, beziehungsweise im Oldenburgischen. Einem an der Elbe oder Weser sich bildenden ähnlichen Vereine kann man sich zum Zwecke gegenseitiger Unterstützung anschließen.

§ 2.

Wer sich zur Entrichtung eines jährlichen Beitrages von wenigstens Einem Thaler auf drei Jahre verpflichtet, ist Mitglied des Vereins und stimmberechtigt.

§ 3.

Der Verein wählt einen in der Provinz wohnenden Ehren-Präsidenten. Dieser beruft die General-Versammlung nach einer der § 5 gedachten Städte, präsidirt derselben, schließt dieselbe. Er hat die Direktion zu installiren.

§ 4.

An denjenigen Orten, wo mehrere Mitglieder des Vereins wohnen, können die Stimmberechtigten aus ihrer Mitte erwählten Deputirten oder einem Directions-Mitgliede Vollmacht geben, und durch diese in der General-Versammlung ihre Stimmen abgeben lassen. Diese Deputirten haben auch in den Directions-Sitzungen eine berathende, aber keine beschließende Stimme. Die Bildung von Zweigvereinen ist nicht ausgeschlossen.

§ 5.

Die Direction, welche ihren Sitz in Emden hat, besteht aus fünf Mitgliedern, die sich in die Geschäfte zu theilen haben, namlich dem Director und vier Beisitzenden, von denen einer die Casse führt. Von den Directions-Mitgliedern sind zwei aus Emden und je eins aus Leer, aus Papenburg und aus Norden zu wählen. Selbige können sich in Behinderungs-Fällen durch Ersatzmänner vertreten lassen. Sie sowohl als die Ersatzmänner werden in der General-Versammlung nach absoluter Stimmen-Mehrheit auf drei Jahre erwählt. Austretende Mitglieder sind wieder wählbar.

§ 6.

Die Direction hat für die weitere Ausdehnung des Vereins mit allem Fleiße zu sorgen,

die jährlichen Beiträge einziehen zu lassen,

für die Anschaffung fernerer Beihülfen Seitens der Königlichen Regierung, aus den Hansestädten und dem Oldenburgischen zu sorgen, Aufrufe zu erlassen u. s. w.

§ 7.

Sie hat mit Genehmigung der Königlichen Regierung das Rettungswesen auf den Inseln und wo sonst erforderlich erscheint, derart zu organisiren, daß einem Vertrauensmann, dem eine angemessene Belohnung zuertheilt werden kann, die Leitung übertragen wird.

§ 8.

Sie hat die Beschlußnahme über die Anschaffung von Apparaten, Aufstellung, Unterbringung und Instandhaltung derselben.

§ 9.

Sie beschließt über Prämien, die Rettenden zu gewähren, sowohl auf Antrag als aus eigenem Antriebe.

§ 10.

Sie hat die Bestimmungen über Unterstützungen, welche Hinterbliebenen solcher Personen, die bei der Rettung Schiffbrüchiger umgekommen sind, gezahlt werden können.

§ 11.

Sie läßt durch eins ihrer Mitglieder den Zustand der Apparate alljährlich untersuchen.

§ 12.

Sie veröffentlicht alljährlich einen Bericht über ihre Thatigkeit, verbunden mit dem Status der Einnahme und Ausgabe.

§ 13.

Sie genießt keinerlei Gehalt, läßt sich jedoch ihre baaren Auslagen aus der Vereins-Casse vergüten.

§ 14.

Am ersten Freitag im Quartale und sonst auf Antrag eines Directions-Mitgliedes hält sie Versammlung. In derselben führt in Abwesenheit des Directors das die Casse führende Mitglied den Vorsitz.

§ 15.

In der Direction entscheidet bei Stimmengleichheit der Director, sonst absolute Majorität. Bei drei Mitgliedern ist die Direction beschlußfähig.

§ 16.

Die Direction ist der General-Versammlung verantwortlich. Die letztere ernennt eine aus zwei Mitgliedern bestehende Revisions-Commission, behuf Prüfung der vom Cassefführer aufzustellenden Rechnung, und ertheilt, nachdem sie richtig befunden, Decharge.

§ 17.

Zur Abänderung gegenwärtiger Statuten ist die Zustimmung von 2/3 der in der General-Versammlung vertretenen Stimmen erforderlich.

Beschlossen Emden, den 2. März 1861 in der General-Versammlung.

Statut der Ostfriesischen Gesellschaft zur Rettung Schiffbrüchiger (R. W. Feldmann)

Am 29. Mai 1865 vereinte der Bremer Redakteur Dr. Arwed Emminghaus in Kiel die bisher entstandenen örtlichen Rettungsvereine zur „Deutschen Gesellschaft zur Rettung Schiffbrüchiger“, deren erster Vorsitzender H. H. Meier wurde. Die Zentralisierung in einer Rettungsgesellschaft war wichtig, um gleiche technische Standards durchzusetzen und um Spenden aus dem gesamten späteren Deutschen Reich sammeln zu können. Durch die private Finanzierung kann die DGzRS bis heute viel flexibler auf Veränderungen reagieren als eine staatliche Organisation.

Schon am 8. März 1863 konnten die Borkumer Seenotretter alle neun Besatzungsmitglieder der englischen Brigg Mora retten, die bei Borkum festgekommen war, da ihr Kapitän den Borkumer Leuchtturm für den Helgolands gehalten hatte.

Die ersten Ruderrettungsboote der DGzRS wurden aus Amerika und England beschafft und in Deutschland ähnlich nachgebaut. Diese Boote waren für die deutschen Küsten nur bedingt einsatzfähig. Die amerikanischen Francis-Boote eigneten sich aufgrund ihrer mäßigen Steuerbarkeit nicht gut zum Segeln.

Rettungsstation Borkum: Vier Pferde ziehen ein Ruderrettungsboot aus dem Rettungsschuppen. (Archiv DGzRS)

Rettungsstation Borkum-Süd (Archiv DGzRS)

Sie waren aus geknicktem Eisenblech gefertigt. Die britischen Peake-Boote dagegen hatten zu viel Tiefgang für die flachen deutschen Strände und waren zu schwer, um durch die Dünen transportiert zu werden. Bei beiden Borkumer Booten handelte es sich anfangs um Francis-Boote.

Nach vielen Versuchen und Verbesserungen entstand Ende der 1870er Jahre das „Deutsche Normalrettungsboot", das sowohl gerudert als auch gesegelt werden konnte. Hiervon gab es zwei Versionen: Eins mit 10 Riemen (8,5 m lang) und eins mit 6 Riemen (7,5 m lang).

Diese Boote hatten eingebaute Luftkästen, die die Sinksicherheit verbesserten und waren selbstlenzend. Für diese Typen wurden einheitliche Transportwagen entwickelt, mit denen die Ruderrettungsboote an den Einsatzort gelangten. Die Boote wurden in Schuppen in Strandnähe untergestellt. Vier oder sechs Pferde zogen den Transportwagen ins Wasser, und das Boot konnte vom gekippten Wagen auf Rollen ins Wasser gelassen werden.

Wrack der Schonerbrigg Felix am Borkumer Nordstrand, gezeichnet von Prof. Friedrich Kallmorgen, 1882 (R. W. Feldmann)

Am 22. Oktober 1870 rettete die Besatzung des Ruderrettungsbootes Ostfriesland zehn Personen von der Danziger Brigg Johanna Heppner, am 6. November 1875 nochmals fünf Mann von dem Schoner Concordia.

In den 1870er Jahren strandete auch der Dampfer Arend Bakker vor der Insel. Ob die Besatzung von einem Ruderrettungsboot gerettet wurde, ist nicht bekannt. Im Dykhus, dem Museum des Borkumer Heimatvereins, ist eine Seekiste zu besichtigen, die aus dem Mastholz der Arend Bakker angefertigt wurde.

Am 16. Oktober 1881 kam die Schonerbrigg Felix aus Ueckermünde auf dem Borkumer Nordstrand auf Höhe des heutigen „Strandcafé Seeblick“ fest. Das Schiff kam in Ballast aus Liverpool. Beim Stranden verlor ein Matrose ein Bein, als er damit in die Speichen des Steuerrades geriet. Die Besatzung konnte sich bei Niedrigwasser auf die Insel retten.

Für die Rettungsstation Borkum-Süd wurde 1874 von der Havighorst-Werft in Bremen-Rönnebeck das Ruderrettungsboot Emden geliefert. Das Boot hatte 10 Riemen, war 30 Fuß lang, 10 Fuß breit und aus Eisen gebaut. Die Ostfriesland blieb bis 1880 als Reserveboot erhalten.

Der „Ostfriesische Kurier" berichtete in seiner Ausgabe vom 22. März 1874 von einer Strandung auf den in der Osterems (die damals das Hauptfahrwasser in der Emsmündung darstellte, während heute ausschließlich die Westerems befahren wird) liegenden Brauer-Platen:

„Norden. Über die am 18. März vollzogene Rettung eines nach Bremerhafen bestimmten Schiffes berichtet u. a. der Amtsvogt Abtmeyer auf Borkum folgendes: Am 18. März, Nachmittags 1 Uhr, wurde mir die Anzeige gemacht, daß sich in der Nähe der Brauer-Plate ein Schiff in Gefahr befinde. Mit Hülfe eines Fernrohrs überzeugte ich mich, daß das Schiff wirklich festgesegelt sei und die Nothflagge zeige. Sofort wurde durch Aufhissen der Alarmflagge die Rettungsmannschaft herbeigerufen.

Dreiviertel Stunden nachher war das Rettungsboot zu Wasser gebracht (diese Zeit brauchten sie, um vom Ort aus zum Rettungsschuppen-Nord zu kommen) und erreichte gegen 4.00 Uhr das verunglückte Schiff. Es war die italienische Bark UDELCHI BIGNONI *aus Genua, Capt. Guiseppe Bassalo, 487 Tons groß, und mit einer Ladung Reis von Rangon nach Bremen bestimmt und hatte schon 6 Fuß Wasser im Raum. Bei den Versuchen, welcher der Capitän gemacht hatte, sich und die Mannschaft zu retten, waren durch die hohe See beide Boote zertrümmert und der Koch über Bord gespült worden und ertrunken. Man war mit der Herstellung eines Rettungsflosses beschäftigt, als unser Rettungsboot ankam und den Capitän, einen englischen Lotsen und 12 Mann, im Ganzen 14 Personen, aufnahm, welche wir um 5 ½ Uhr Nachmittags am Nordweststrande, gegen Ostland Borkum glücklich landeten.*

Von den Geretteten war keiner der deutschen Sprache mächtig, es waren Italiener und Spanier. Die Rettung (war) eine höchst mühvolle. Nachdem wir die Geretteten an Land gebracht, mußten wir das Rettungsboot noch um die ganze Insel herum rudern, um es während der Nacht im Haag vor Anker in Sicherheit zu bringen, da es wegen hoher See und Strömung seinen Stationsort nicht wieder erreichen konnte." [35]

Von der kaiserlich-österreichischen Regierung erhielt die Rettungsmannschaft für diese Rettung 15 Ducaten. Der Ortsausschuss der DGzRS auf Borkum berichtete 1878:

„Am 13. März 1878 strandete auf dem Riff-Gatt vor der Insel Borkum die holländische Bark JOHANNA, *Kapitän Rottinghuis, aus Delfzyl. Dieselbe war mit Ballast von London nach Frederiksstadt bestimmt. Nach Aussagen des Kapitäns ist das Schiff bereits in der Nacht vom 11.-12. durch Aufstossen auf ein Wrack oder einen*

anderen harten Gegenstand leck geworden. Durch Eindringen des Wassers sowie durch den herrschenden starken N.-N.-W.-Sturm und die hochgehende See sah sich der Kapitän genöthigt, den Vordermast zu kappen und das Schiff vor Kette treiben zu lassen. Es war jedoch nicht mehr möglich, das Schiff in sicheres Fahrwasser zu bringen und (so) verliess die Mannschaft – 12 Personen – am 13. Morgens mit dem Schiffsboot das Wrack, um auf einer vorübersegelnden Brigg Rettung zu suchen. Die Brigg wurde auch erreicht, allein nur einer der Schiffbrüchigen wurde mit großer Mühe und unter grosser Gefahr an Bord geholt; die furchtbare See riss das kleine Boot sofort weit zurück. Ein zweiter Versuch missglückte ebenfalls; der 2. Steuermann fiel dabei über Bord und nur durch ausserordentliche Glücksumstände begünstigt gelang es seinen Leidensgefährten, ihn wieder aufzufischen.

Um 2 ½ Uhr Mittags wurde das Wrack von der Insel Borkum aus bemerkt, und da man weder Nothsignale noch Menschen auf demselben bemerkte, vermuthete man, dass das Wrack von der Mannschaft verlassen sei.

In richtiger Würdigung der ihr gestellten Aufgabe brachte die Mannschaft des Rettungsbootes Ostfriesland *der Station Borkum-Westland ihr Boot sofort zu Wasser, um, wenn möglich, die Schiffbrüchigen aufzusuchen, und hatte auch das Glück, dieselben mit ihrem Boote, auf welchem die Nothflagge wehte, in Sicht zu bekommen. Es wurde nun mit Aufbietung aller Kräfte gerudert, um die Schiffbrüchigen ihrer gefahrvollen Lage zu entziehen, und es gelang auch nach ausserordentlichen Anstrengungen, die Schiffbrüchigen bei der Aussen-Huberts-Tonne zu erreichen. Dieselben waren vollständig entkräftet. Nässe und Kälte hatten die armen Menschen furchtbar mitgenommen. Das Rettungsboot nahm die im Boot befindlichen 11 Personen auf, und um 6 ½ Uhr wurde der Strand glücklich erreicht, woselbst den Schiffbrüchigen die liebevollste Aufnahme zu Theil wurde.“* (Jahrbuch 1877/78)

Der Alte Leuchtturm reichte gegen Ende des 19. Jahrhunderts als Seezeichen nicht mehr aus, obwohl der Leuchtfeuerapparat mehrfach verbessert worden war. Ein erneutes Umrüsten des Turmes kam nicht mehr in Betracht, da dieser schon zu alt, zu instabil und zu niedrig war. Seit längerem hatte man bereits den Bau eines neuen Leuchtturms in Erwägung gezogen, als der Alte Leuchtturm Borkum am 14. Februar 1879 vollständig ausbrannte. In einem Bericht, den der Baukreis Emden am 15. Februar 1879 an die Landdrostei Aurich telegraphierte, hieß es:

„… der soeben von Borkum eintreffende Regierungsdampfer Ernst *überbringt die Nachricht, daß der Leuchtturm auf der Insel Borkum in der verflossenen Nacht*

Der Alte Leuchtturm Anfang des 20. Jahrhunderts (R. W. Feldmann)

ausgebrannt ist. Der auf Borkum weilende Bauführer Prüsmann rapportiert folgendes:

Ein großes Unglück ist eingetroffen, der Leuchtturm ist vollständig ausgebrannt. Nachdem etwa 6 ½ Uhr (nachmittags) das Feuer im Gange war, hat dasselbe alsbald Dimensionen angenommen, daß nichts mehr zu retten war. Ohne auf Details der grandiosen Feuersbrunst einzugehen, bitte ich um Anweisung, wie ein neues Seezeichen auf Borkum errichtet werden soll." [8]

Ursache des Brandes war ein durchgerostetes Rohr des Torfofens im Wärterraum, das erst das Holzwerk in Brand setzte und schließlich noch einen halben Zentner Rüböl, das zum Betrieb des Feuers im Wärterraum eingelagert war. Ein starker Nordwind fachte das Feuer weiter an. Weder Anwohner, die zur Hilfe kamen, noch die Dorffeuerwehr (deren Löschmittel für den Turm nicht hoch genug waren) konnten den Brand bekämpfen.

Herabstürzende Trümmer entzündeten weitere 40 Zentner Öl, die in einer Grube des Turms gelagert waren. Bis 3.00 Uhr nachts brannte der Turm wie eine Fackel. In dieser Nacht herrschte starker Frost, der ein Übergreifen des Feuers auf benachbarte Häuser verhinderte. Während dieser Feuersbrunst ist jedoch nur das

Das Wrack des Kohlenschiffes Anna, *das auf der Ronden Plate strandete und dessen Reste noch weit nach Ende des Zweiten Weltkrieges zu sehen waren. (R. W. Feldmann)*

Innere des Turms vollkommen ausgebrannt. Heute wird der Alte Leuchtturm vom Heimatverein unterhalten.

Bereits eine Woche nach dem Brand wurde der Bau des Neuen Leuchtturms eingeleitet, der am 1. November 1879 fertiggestellt und am 15. November feierlich in Betrieb genommen wurde. Die kurze Bauzeit ist erstaunlich, vor allem, wenn man bedenkt, dass für den Bau des Leuchtturms das Gleis für eine Kleinbahn gebaut werden mußte, um das Baumaterial vom Hopp zur Baustelle zu transportieren.

Der Brand des Alten Leuchtturms markierte das Ende der alten Zeit auf der Insel. Denn mit dem Bau des Neuen Leuchtturms und der dazu notwendigen Kleinbahn begann eine neue Zeit für Borkum.

Um das Borkumriff besser zu kennzeichnen, hatte der „Baukreis Emden", der damals die Funktion des heutigen Wasser- und Schifffahrtsamtes hatte, ein Feuerschiff bauen lassen. Die Konstruktion des Schiffes, mit der der Emder Schiffbaumeister Klattenhof beauftragt war, war nicht einfach, da man noch kaum Erfahrung mit dem Bau von Feuerschiffen hatte. Das erste Feuerschiff Borkumriff war 31,7 m lang, hatte drei Masten und war sehr stabil gebaut. Der Anker war zwei Tonnen schwer und wurde von einer 240 m langen Kette gehalten. Am 13. Oktober 1875 war das Feuerschiff fertiggestellt. Es lag auf der Position 53° 51' Nord / 06° 26' Ost (16 Meilen nordöstlich des Alten Leuchtturms) vor Anker. Den Kapitänen wurde das Navigieren ihrer Schiffe dadurch sehr erleichtert, aber besonders in den ersten Betriebsjahren gab es immer wieder Probleme mit dem Feuerschiff, so dass es oft durch ein Reservefeuerschiff ersetzt werden musste. Im Jahre 1900 wurde das Feuerschiff als eines der ersten Schiffe mit einer Funkanlage der Firma Marconi ausgerüstet.

Am 9. Dezember 1879 kam die Schonergaliot Anna aus Emden mit Kapitän Johann de Vries bei Borkum im Eis fest. Eingeklemmt in den Eismassen wurde sie auf den Südstrand der Insel getrieben. Ende November hatte das Schiff Burnt Island mit einer Ladung von 124 Tonnen Steinkohlen für Emden verlassen und war am 7. Dezember bei Einbruch der Dämmerung in der Ems vor Anker gegangen. Die Besatzung konnte sich damals über das Eis auf den Strand retten, das Schiff aber ging verloren. Das Inventar des Schiffes konnte vollständig, die Ladung zu einem Drittel geborgen werden.

In der Nacht vom 12. auf den 13. März 1880 sank in der Osterems erneut ein Schiff mit dem Namen Anna, möglicherweise eine Tjalk, die 1878 in Emden auf der Cassens-Werft gebaut worden war. Unter Kapitän Bleeker fuhr die ANNA als Beurtschiff zwischen Emden und Norderney. Das Seeamtsprotokoll der Stadt Emden vom 12. Juni 1880 berichtet:

„Als die ANNA am 12. März 1880 – und zwar ohne mit einem Boot versehen zu sein – die Emder Schleuse passierte, herrschte bereits stürmisches Wetter, in welchem nach einer später aufgefundenen Notiz des Schiffers Bleeker dessen Schiffsmann bei der ersten schwarzen Tonne [...] über Bord schlug und verunglückte. Jene Notiz ergibt dann ferner, dass der Schiffer Bleeker sich vor Anker gelegt hat, und ist späterhin sodann die ANNA vor ihrem Anker versunken.

Das Schiff selbst wurde einige Tage später von Norddeicher Schiffern, welche die Luken desselben offen fanden, mit einem Theile der verladenen Stückgüter, von welchem insbesondere die Deckslast fehlte, wieder gehoben und in Greetsiel binnen gebracht; die Leiche des Schiffers Bleeker ist im Laufe des Monats April auf Norderney angetrieben und dort beerdigt, von dem Schiffsmann wurde aber seither nichts gesehen.“[36]

Der Rettungsschuppen auf dem Ostland Borkums wurde 1882 durch einen neuen Rettungsschuppen in der Nähe des ehemaligen Cafés „Elisenruh“ (dem heutigen Restaurant „Düne 2“) auf dem Westland ersetzt. Ein Jahr später bekam diese Station ein neues Ruderrettungsboot inklusive Transportwagen. Dieses Boot war 7,5 m lang, 2,46 m breit, hatte 0,78 m Tiefgang und wurde auf den Namen TIMMEL getauft. Der Kiel war besonders flach ausgeführt, damit das Boot bei Grundberührung aufrecht blieb. Sonst hätte es bei Grundberührung leicht kippen und von der nächsten Welle überflutet werden können. Das Boot erhielt auch ein ausklappbares Schwert.

Im August 1882 verlor der russische Schoner SKANDIA sein Ruder und strandete. Der DGzRS Ortsausschuss Borkum berichtet über die Rettung der Besatzung durch das Ruderrettungsboot EMDEN der Station Borkum-Westland:

„Am 31. Aug. kamen früh Morgens 3 Lootsen vom Lootsenabholer DOLLART, in der Fischerbalje ankernd, an Land, um sich nach ihrem in See befindlichen Lootsenschoner umzusehen. Sie bestiegen den hiesigen Leuchtthurm und merkten mittelst Fernrohrs N.-N.-O.wärts gegen Juist ein Schiff in Gefahr, welches Nothsignale gehisst hatte. Hiervon wurde der Vormann sofort in Kenntnis gesetzt und liess derselbe das Rettungsboot schleunigst zu Wasser bringen. Da die Besatzung des Bootes nicht gleich vollzählig war, so erboten sich die drei anwesenden Loot-

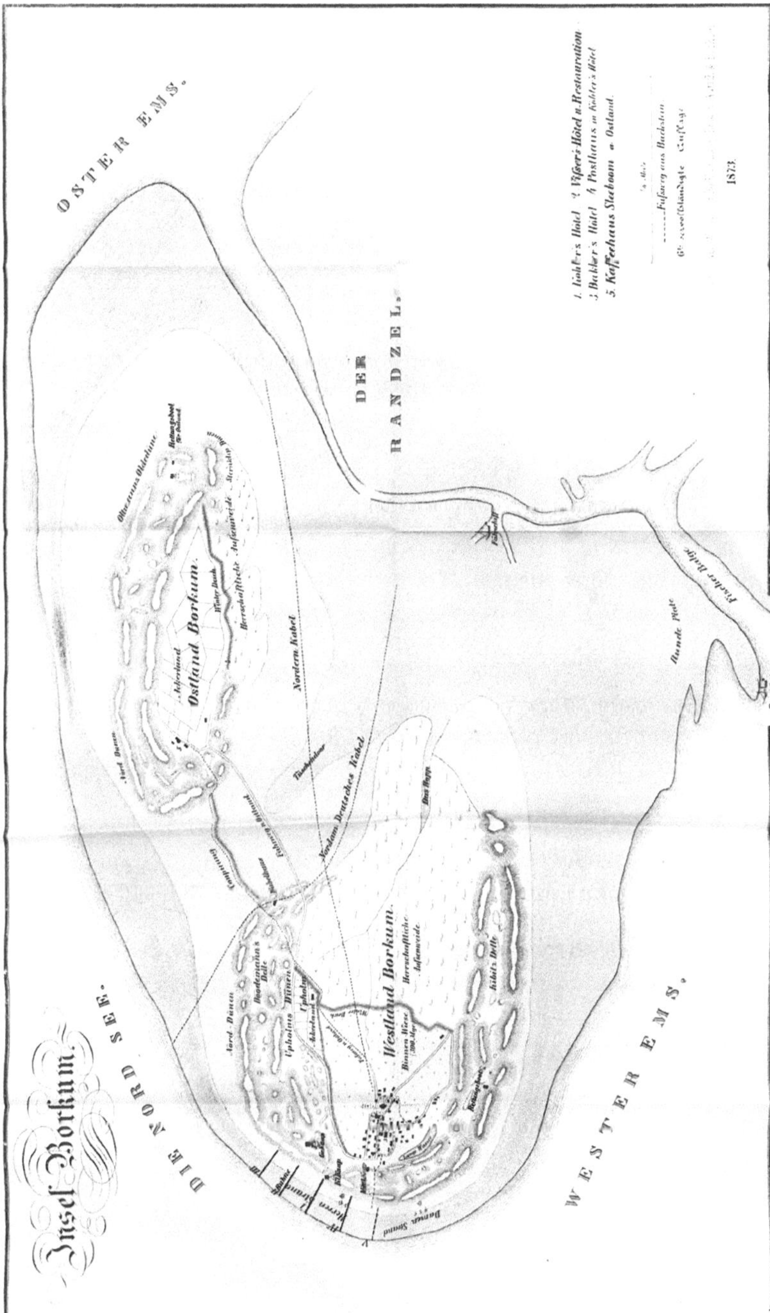

Historische Borkum-Karte von 1873. Beide damaligen Rettungsstationen der Insel sind eingetragen (eine im Ostland und eine im Westland). (R. W. Feldmann)

sen mitzufahren, und stach das Rettungsboot um 11 ½ Uhr Vormittags in See. Fluth, stürmischer Wind aus N.-W. und hoher Seegang verhinderten an der Westseite der Insel vorwärts zu kommen, und wurde daher beschlossen, um schneller und sicherer zu fahren, den DOLLART *zu Hülfe zu nehmen. Das Rettungsboot im Schlepptau, kreuzte nun der* DOLLART *durch die Oster-Ems nach See und gelang es mit vieler Mühe und Anstrengung, die hochgehende See und Brandung zu bekämpfen. Endlich spät Abends kam man in die Nähe des verunglückten Schiffes. Als man dem Schiffe so nahe wie irgend rathsam war, stiess das Rettungsboot vom* DOLLART *ab und gelang es der Rettungsmannschaft mit eigener Lebensgefahr das Schiff zu erreichen und die Besatzung, bestehend aus 8 Personen, glücklich an Bord des* DOLLART *zu bringen.*

Beim Anlegen an das in Noth befindliche Schiff erlitt das Rettungsboot durch den Aufprall, verursacht durch eine hochgehende Woge, Beschädigung am Vordersteven, der Korkumgürtung und am Bug. Das Wrack des Schoners lag in unmittelbarer Nähe der Brandung vor den Hummersgats-Gründen. Das Schiff war voll Wasser und hatte schon 8 Tage vorher das Ruder verloren.

Inzwischen war es dunkle Nacht geworden. Trotz der grössten Anstrengung gelang es nicht, eine der Emsmündungen zu erreichen, da die hohe Brandung nicht zuliess, über das Juister Riff zu fahren, es blieb daher nichts übrig, als die Nacht auf See zu bleiben.

Am anderen Tage, Freitag den 1. September, gelangte das Rettungsboot um 12 ¼ Uhr hier wieder an. Das Boot bewährte sich seinem Zwecke entsprechend ganz vorzüglich. Die Mannschaften waren mit Korkjacken bekleidet.“ (Jahrbuch 1882/83)

Für die Rettung der Besatzung erhielt die Rettungsmannschaft der Station Borkum-Westland 350 Mark vom finnischen Senat.

10. Der gescheiterte Aufbruch in die Neue Welt

Gegen Ende des 19. Jahrhunderts blühte das Auswanderungsgeschäft zwischen Deutschland und den Vereinigten Staaten von Amerika. Schiffe, die in die Neue Welt fuhren, passierten ab 1875 auch das neue Feuerschiff Borkumriff. In dessen Nähe kam es im Jahr 1883 zu einer Kollision, bei der 436 Menschen ums Leben kamen.

Die Tragödie nahm ihren Lauf, als der Hapag-Dampfer Cimbria an einem nebeligen Tag gegen den Willen des Lotsen von Hamburg auslief. Kapitän der Cimbria war Julius Hansen, der bisher unfallfrei gefahren war. Ihm anvertraut waren 91 Mann Besatzung, 6 Passagiere I. Klasse, 17 Passagiere II. Klasse und 378 Passagiere im Zwischendeck. Die 16 Jahre alte Cimbria war bei Craid & Co. in Greenock gebaut worden, und ihre Länge betrug 101 m. An Bord waren zehn Rettungsboote, die bestenfalls 370, nicht aber die 493 Personen, die sich an Bord befanden, aufnehmen konnten.

Die Maschine der Cimbria lief mit halber Kraft voraus. Der Bug war im Nebel kaum noch auszumachen. Deshalb ließ Hansen einen Ausguck auf dem Vorschiff aufstellen, der bald ein Schiff voraus meldete. Im letzten Moment gelang es der Cimbria, den Anker zu werfen. Das entgegenkommende Schiff war die

Dampfer Cimbria (Deutsches Schiffahrtsmuseum)

Hansa der Hapag. Gegen 18.00 Uhr ließ Kapitän Hansen die Anker lichten. Am nächsten Mittag kam die Cimbria bei Brunsbüttel fest. Sie konnte jedoch mit Hilfe eines Schleppers und der Flut wieder freikommen.

Aber das nächste Unglück – und damit die eigentliche Katastrophe – ließ nicht lange auf sich warten. In der Nacht zum 19. Januar 1883 gegen 2.12 Uhr befand sich die Cimbria querab vom Feuerschiff Borkumriff, nördlich des heutigen Verkehrstrennungsgebietes Terschelling / Deutsche Bucht.

Auf einmal schimmerten die Positionslaternen eines entgegenkommenden Dampfers auf. Es war die englische Sultan der Hull-Hamburg-Linie. Ihre Ladung bestand aus 600 Tonnen Kohle sowie Stückgut. Auch einige Passagiere befanden sich an Bord. Sofort heulte auf der Cimbria die Dampfsirene auf. Es war aber schon zu spät, und der eiserne Rumpf der Sultan bohrte sich in den Holzrumpf der Cimbria. Kapitän Hansen schrie der Besatzung der Sultan zu, sie solle die Maschinen nicht achteraus laufen lassen, da sonst noch mehr Wasser in den Rumpf der Cimbria gelangen würde. Es war abermals zu spät. Der Bug der Sultan riss sich von der Cimbria los, die sofort zu sinken begann. Von den zehn Rettungsbooten kamen nur zwei unbeschädigt zu Wasser.

Mit großer Not schaffte es die Sultan, noch Hamburg zu erreichen. Ihr Bug war zertrümmert. Das Kollisionsschott musste während der Fahrt mit Holzbohlen gesichert werden. Später wurden dem Kapitän der Sultan schwere Vorwürfe gemacht, da er der Cimbria nicht zu Hilfe gekommen war. Er war jedoch froh, dass er seine eigene Besatzung retten konnte.

Für die Cimbria gab es jedoch keine Hoffnung mehr. Eine Panik brach aus. Etliche Indianer, die zurück in ihre Heimat wollten, wussten nicht, was ihnen geschah. Eine junge Frau, die ihrem Verlobten in die Vereinigten Staaten folgte, sprang ihrem Myrtenbäumchen, das ins Wasser gefallen war, hinterher. Die Panik wurde noch größer, als die Passagiere merkten, dass die Rettungsbootplätze nicht ausreichten. Jeder versuchte, so gut er konnte, sich selbst zu retten. Viele ertranken qualvoll in ihren Kabinen, da sie während der Kollision geschlafen hatten.

Durch die eindringenden Wassermassen und die Schlagseite des Schiffes war es für viele Passagiere unmöglich, das Deck zu erreichen. Ein 13jähriger Schiffsjunge versuchte, sich durch ein Bullauge zu retten, da der Weg zu den oberen Decks versperrt war und ertrank dabei. Er blieb im Bullauge stecken und kam weder

Dampfer CIMBRIA *(Deutsches Schiffahrtsmuseum)*

vor noch zurück. Kinder irrten ziellos an Deck herum. Nur 39 Passagiere konnten sich in die Boote retten. Viele, die zu den schon auf dem Wasser treibenden Booten schwimmen wollten, ertranken oder erfroren in der eiskalten See. Die Insassen der Rettungsboote wurden am Morgen von der britischen Bark THETA gerettet.

Einigen Passagieren war es gelungen, sich in die Takelage der CIMBRIA zu retten, die noch aus der See ragte. Sie mussten stundenlang nur spärlich bekleidet in der Kälte ausharren. Bei manchen ließen allmählich die Kräfte nach, und sie fielen in die See. Nur 17 Personen konnten mit der Bark DIAMANT gerettet werden.

Von den 493 Menschen, die an Bord waren, überlebten nur 57. Der Untergang der CIMBRIA löste damals weltweit großes Entsetzen aus. In Hamburg belagerten Angehörige der Passagiere und Besatzungsmitglieder das Reedereigebäude der Hapag. Eine Liste der angeblich Überlebenden wurde ausgehängt. Wenig später stellte sich jedoch heraus, dass die Liste der Geretteten tragischerweise mit der Liste der Toten verwechselt worden war. Ein Sänger schrieb eine Moritat über die Katastrophe, die die Tragik des Unglücks treffend zum Ausdruck brachte:

„Frohen Muts bei günst'gem Winde
Flog die stolze CIMBRIA,
Fahren wollte sie geschwinde
Ferne nach Amerika…

Schauder drängt sich durch die Glieder,
Wenn man liest von CIMBRIA,
Dieses Dampfschiff wollte wieder
Fahren nach Amerika,
Als Cuxhaven es vorüber,
Sank ein starker Nebel nieder
Auf das große, weite Meer,
Dunkle Nacht war's rund umher.

Jeder war an seiner Stelle,
Und die Ordnung wohl an Bord,
Damit das Schiff nicht zu schnelle,
Sprach auch der Kapitän das Wort:
Die Maschinen auf halb zu stellen.
In dem Nebel auf den Wellen,
Sah man bei dem Schiffe dicht
Bald ein schwaches grünes Licht.

Plötzlich kracht' es von der Seite,
SULTAN *fuhr direkt sogar*
Auf der grausen Meeresweite
Los aufs Dampfschiff CIMBRIA.
Furchtbar war die Schreckensstunde,
Angstschrei tönt es in der Runde,
Denn ins tiefe Wassergrab
Sank das stolze Schiff hinab.

Keine Rettung ließ sich blicken,
SULTAN *war bald außer Sicht,*
Manches Leben mußte knicken,
Rettung gab es leider nicht.
Gar nichts wurde unterlassen,
Doch die großen Menschenmassen
Rannten nutzlos hin und her.
Und bald bedeckte sie das Meer.

Wenige sind nur entkommen,
Ach, vielleicht der achte Teil,
Wie man leider hat vernommen,
Findet noch am Leben heil.
Doch wie diese Leute sagen,
Hat ein ritterlich Betragen,
Den Off`zieren nicht gefehlt,
Auch vom Arzt wird so erzählt.

[…]

Vorsicht ist gewiß vonnöten
Auf den vielen Schiffen wie bekannt,
Die Schwimmgürtel, Rettungsböte
Waren alle gut imstand.
Aber wenn das Schicksal wollte,
Daß es untergehen sollte
Dieses Schiff mit Mann und Maus
Brechen unsere Tränen aus. [37]

Die Hapag beauftragte im Februar 1883 den dänischen Dampfer Kattegat wertvolle Ladung von dem Wrack zu bergen. Der Anblick, der sich den Bergern bot, war grauenvoll. Zwischen den Trümmerteilen ragten abgetrennte Gliedmaßen hervor, und Leichen trieben durch die Räume. Die Bauart der Cimbria ließ es nicht zu, dass viele Menschen an Deck gelangten, bevor das Schiff sank. Vor den Heckkabinen wurde ein Haufen Leichen gefunden. Um wertvolle Güter von Bord zu holen, die unter Deck vermutet wurden, hätten Sprengungen vorgenommen werden müssen. Daher wurden die Bergungsversuche aufgegeben.

91 Jahre später, am 16. Oktober 1974, begannen Taucher des Wracksuchschiffs Wega des Deutschen Hydrographischen Instituts (dem heutigen Bundesamt für Seeschifffahrt und Hydrographie), das Wrack zu untersuchen. Der Rumpf war inzwischen in drei Teile zerbrochen und das Deck nicht mehr vorhanden. Bei dem Tauchgang wurde die Schiffsglocke der Cimbria geborgen. Sie befindet sich heute im Reedereigebäude der Hapag. [37]

Die Wega hat die genaue Position des Wracks ermittelt: 53° 52' 41" Nord / 06° 24' 24" Ost und damit die Neugier von vielen Tauchern geweckt. Die Cimbria hatte Kerzen, Spielzeug, Möbel und teures Porzellan geladen.

Das Wracksuchschiff Wega (Jens Bald)

Neuer Leuchtturm Borkums von 1879 (Jens Bald)

Im Jahr 2001 sicherte sich ein Bergungsunternehmer die Rechte an dem Wrack. Im Sommer 2002 war es erst mal mit der Ruhe am Seegrab vorbei, als der Unternehmer zusammen mit der Firma Sea Explorer AG eine Expedition durchführte. Die Kosten hierfür beliefen sich auf ca. 1 Millionen €. Eine Plattform mit Stelzen wurde neben dem Wrack positioniert. Von dort aus wurden zahlreiche Tauchgänge zu dem Wrack unternommen. Aufgrund der Strömungsverhältnisse konnten diese nur bei gutem Wetter und Stauwasser durchgeführt werden. Mit Pumpen versuchte man, das Wrack freizuspülen, doch diese Versuche wurden durch die schlechten Wetterverhältnisse zunichte gemacht. Dennoch gelang es im Sommer 2002 und im Frühjahr 2003, einiges Porzellan und Flaschen aus dem Wrack zu bergen. Ein Teil der Fundstücke waren im Borkumer Heimatmuseum Dykhus sowie im Cuxhavener Wrackmuseum ausgestellt, andere wurden später versteigert. Die Tauchgänge haben nicht zu dem erwünschten Erfolg geführt. Der aus den Versteigerungen erzielte Erlös deckte bei Weitem nicht die enormen Kosten für die Arbeiten an dem Wrack.

Ab Mai 2007 wurde die Totenruhe am Wrack erneut durch über 250 Tauchgänge, die von der Firma Cimbria Operations Ltd. & Co. KG durchgeführt wurden, gestört.

In den 1880er Jahren spielte sich vor Borkum eine weitere Tragödie ab, auch wenn sie bei Weitem nicht so viele Menschenleben kostete wie der Untergang der CIMBRIA. Etwa 800 Meter vor dem Weststrand kam in einer Dezembernacht ein englisches Schiff auf Grund. Auch diesmal gab es keine Hoffnung für die Besatzung, da die Strandung von niemandem auf der Insel bemerkt wurde. Das Schiff wurde von den Wellen vollständig zerschlagen.

Am nächsten Morgen fand der Leuchtturmwärter des Neuen Leuchtturms die Leiche eines 17jährigen Schiffsjungen am Fuße des Turms. Da es in der Nacht geschneit hatte, konnte man den Weg des Jungen zurückverfolgen. Als Einziger hatte er die Strandung offensichtlich überlebt. Vom Strand aus war er zu den nächsten Häusern gelaufen und hatte dort angeklopft. Doch niemand hatte sein Klopfen gehört, weil die Bewohner schliefen. Er schleppte sich zuletzt zum Neuen Leuchtturm. Da die Tür jedoch verschlossen war, blieb ihm nichts anderes übrig, als sich vor den Turm zu setzen und den nächsten Morgen abzuwarten. In der kalten Winternacht verließen ihn dann die Kräfte. [38]

Der Borkumer Rettungsstation-Süd bereitete Flugsand immer wieder Probleme. Dadurch war es oft unmöglich, das Tor zu öffnen, um das Rettungsboot herauszufahren. Daher wurde der Schuppen im Juni 1884 an eine höhere Stelle versetzt, so dass es möglich war, das Rettungsboot auf beiden Seiten herauszufahren.

Am 14. November 1884 strandete die deutsche Tjalk Hoffnung, die mit einer Ladung Weizenmehl auf der Fahrt von Kiel nach Leer war, auf dem Südstrand. Das Schiff war während der Fahrt leck geworden, und der Kapitän ließ es absichtlich stranden, um sich und seinen Decksmann zu retten. Beide konnten durch das Rettungsboot Timmel gerettet werden.

Ein Jahr später rettete das Borkumer Ruderrettungsboot unter Vormann Thomas Bekaan im Dezember 1885 neun Menschen von dem niederländischen Schoner Nieuwediep. Die Rettungstat wurde von dem niederländischen König Willem III. mit der Rettungsmedaille für den Vormann und die gesamte Mannschaft belohnt.

Das Rettungsboot Timmel stellte sich schließlich als zu klein heraus und wurde im April 1890 durch das neu beschaffte 8 ½ m lange Ruderrettungsboot Schwaben ersetzt.

Am 4. Oktober 1890 strandete der Emder Heringslogger Oldenburg an der Südwestspitze Borkums. Da die Pferde nicht schnell genug herbeigeholt werden konnten, musste das Rettungsboot Emden unter größter Anstrengung der Insulaner zum Strand gefahren und ins Wasser gelassen werden. Die 15-köpfige Besatzung des Loggers und ein an Bord befindlicher Lotse konnten gerettet werden.

Die Emden rettete am 14. Oktober weitere vier Mann von der deutschen Galiot Katharina, nachdem diese in der Nähe des Strandgatts gestrandet war.

Im November 1893 wurde das 8 ½ m lange Ruderrettungsboot Otto Hass in der Borkumer Südstation stationiert, nachdem das alte Boot ausgemustert worden war.

Am 23. Dezember 1894 steuerte die Brigg Gesina en Tekela ohne Lotsen die Emsmündung an, um eine Ladung Steinkohle von England nach Delfzijl zu bringen. Der Wind aus Westnordwest war zwar nicht stark, aber auf der See stand noch eine hohe Dünung von einem vorherigen Sturm. Die Brigg kam vom Kurs ab und strandete gegen 10 Uhr abends auf dem Borkumer Südweststrand. Die Besatzung des neu beschafften Ruderrettungsbootes Otto Hass wurde alarmiert und fuhr zur Unfallstelle. Der tief abgeladene Havarist war durch die hohe Dünung hart aufgestoßen und inzwischen leck geschlagen. Die achtköpfige Besatzung versuchte zunächst, das Wasser aus dem Schiff zu pumpen, musste dies jedoch gegen 12 Uhr nachts aufgeben. Die Seeleute konnten schließlich von der OTTO HAAS geborgen werden. [39]

Im Jahr 1894 wurde eine Fernsprechverbindung vom Neuen Leuchtturm zum Haus des Vormannes Thomas Bekaan gelegt, so dass dieser in Zukunft durch den Leuchtturmwärter sofort über Strandungen informiert werden konnte.

Mit der beginnenden Aufrüstung der Kaiserlichen Marine verkehrten vor Borkum zum Ende des 19. Jahrhunderts zunehmend Kriegsschiffe. 1895 kenterte ein Torpedoboot vor der Ballonplate. Der DGzRS Ortsausschuss Borkum berichtet:

„Am Morgen des 17. Mai lief das TORPEDOBOOT NO. 4 der Kaiserlich Deutschen Marine in die Westerems ein und hielt auf Borkum- Südstrand zu. Da es durch Kanonenschüsse und Signale mit der Dampfpfeife die Gefahr eines Schiffes schon von Weitem anzeigte, versammelte sich die Rettungsmannschaft schleunigst beim Bootsschuppen der Südstation. Der das Torpedoboot befehlende Lieutnant theilte dem Vormann mit, dass das TORPEDOBOOT NO. 3 auf der Ballonplate gekentert, und wahrscheinlich auch Wasser in den Maschinenraum gedrungen sei, denn aus dem Schornstein sei Asche und Feuer herausgeflogen. Da nun von dem TORPEDOBOOT NO. 4 und einem dritten Torpedoboot wegen der ausserordentlich hohen See keine Hülfe geleistet werden könne, verlange er die Hülfe des Rettungsbootes, um möglicher Weise die Besatzung zu retten.

Das Rettungsboot OTTO HASS wurde im Schlepptau des Torpedobootes, welches einer der Rettungsleute als Lootse bestieg, zur Unfallstelle gebracht, fand daselbst aber nichts mehr zu thun, da sich das Torpedoboot von selbst wieder aufgerichtet hatte, und niemand mehr in Gefahr war.

Das neue Rettungsboot bewährte sich gut. Die Radplatten, welche bei dieser Gelegenheit zum ersten Male benutzt wurden, bewiesen sich als sehr praktisch.“ (Jahrbuch 1895/96)

Die neuen Radplatten waren geknickte Stahlplatten, die an einer Kette vor die Räder des Transportwagens gelegt wurden, damit die Räder nun mit einer größeren Fläche in den Sand drückten. So konnte der Transportwagen leichter gezogen werden.

11. Erstmals Hoffnung für Schiffbrüchige

Seltenes Fries mit sieben Bildern um 1900 (R. W. Feldmann)

Ein Rettungsboot wird aus dem Schuppen gezogen; vier Pferde ziehen das Boot durch die Dünen über den Strand ins Wasser.

Gegen Ende des 19. Jahrhunderts waren Schiffbrüchige längst nicht mehr ihrem Schicksal hilflos ausgeliefert. Für Schiffsunglücke in Strandnähe standen nunmehr auch Raketenapparate mit Hosenbojen bis zu einer Reichweite von 400 m zur Verfügung. Mit dem Raketenapparat konnte eine Leine, an der eine Hosenboje befestigt war, zu einem Wrack geschossen werden. Diese wurde dann zum Schiff gezogen. Dort konnten Schiffbrüchige in die Hosenboje steigen, die dann von den Rettern an den Strand gezogen wurde. Oft scheiterte die Rettung mit der Hosenboje dadurch, dass die Handhabung den Seeleuten unklar war. Eine Gebrauchsanweisung gab es nur in deutscher Sprache. Auch war es bei ungünstigen Windverhältnissen kaum möglich, mit einer Rakete das Wrack zu treffen. Hosenbojen wurden bald durch den Bau besonders flach gehender Boote weitgehend überflüssig. An den Küsten Ostfrieslands wurden sie ohnehin kaum eingesetzt, sondern eher an den Steilküsten der Ostsee. Auf Borkum wurde dennoch 1902 ein Schuppen gebaut, in dem ein Raketenapparat mit Hosenboje untergebracht wurde.

Die ersten Ruderrettungsboote waren mittlerweile verbessert worden, und zudem hatten die Rettungsmänner in zahlreichen Einsätzen viel Erfahrung sammeln können. Meist war es zu gefährlich, mit dem Rettungsboot beim Havaristen anzulegen und die Schiffbrüchigen direkt zu übernehmen. Daher blieb das Boot oft in sicherer Reichweite von ca. 50-80 Metern entfernt. Aus dieser Distanz konnte man dann eine Leine zum Havaristen schießen, mit der eine Verbindung hergestellt wurde. An dieser gelangten dann die Schiffbrüchigen mit Rettungswesten zum Rettungsboot. [40]

Bei Nebel und nachts oder bei Sturm war es oftmals zu gefährlich, mit dem Boot auszulaufen. Dann wurde der Havarist durch Wachen von Land aus beobachtet, bis sich das Wetter so weit gebessert hatte, dass man eine Rettungsfahrt wagen konnte.

Einige Rettungsmänner greifen in die Speichen, andere sind schon eingestiegen.

Dann wird das Ruderrettungsboot geslipt und die restlichen Rettungsmänner steigen ins Boot und rudern gegen Wind und Wellen, Sturm und Strömung zur Unfallstelle.

Die Winnifred strandete 1896 auf einer Buhne vor dem Elektrischen Leuchtturm. (R. W. Feldmann)

Am 7. März 1896 strandete der erst vier Jahre alte Schoner Winnifred auf dem Südstrand direkt vor dem Elektrischen Leuchtturm.

Über die Rettung der Besatzung sagt ein Bericht der DGzRS-Ortsgruppe Borkum folgendes:

„Am 7. März, Morgens 5 Uhr, wurde der Vormann Bekaan von dem Leuchtthurm telephonisch benachrichtigt, dass sich am Südweststrande der Insel ein grosses Schiff in Gefahr befände. So rasch wie möglich wurde das Ruderrettungsboot Otto Hass der Südstation zu Wasser gebracht. Es konnte bei dem heftigen W.-S.-W.-Sturm nur mit äußerster Anstrengung durch die hohe Brandung gebracht werden.

Das verunglückte Schiff war mit dem Kopfe auf den Strand gelaufen, und lag sehr gefährlich. Das Rettungsboot legte sich hinter dem Schiff vor Anker, da es ihm wegen seiner Lage keine Leeseite abgewinnen konnte, und versuchte mit dem Schiffe eine Verbindung herzustellen. Das Boot schlug jedoch voll mit Wasser und ein vom Schiff ausgeworfener Korkenfender war vom Boote aus nicht zu erreichen.

Jetzt versuchte die aus 10 Mann bestehende Schiffsbesatzung, sich in das unter den Klüverbaum gebrachte Schiffsboot zu retten und es an einem am Schiffe befestigten Tau vor der rollenden See an den Strand laufen zu lassen. Dieser gefahrvolle Versuch gelang, worauf das Rettungsboot, das bis dahin auf seinem schweren Posten ausgeharrt hatte, um bei einem etwaigen Misslingen zur Stelle zu sein, zurückkehrte. Beide Mannschaften waren vom Wind und vom Wetter hart mitgenommen. Das gestrandete Schiff war der amerikanische Dreimastschoner WINNIFRED, *Kapitän Hire, mit Farbholz von Rosario nach Hamburg bestimmt.*" [41]

Da der Schoner an einer äußerst günstigen Stelle aufgelaufen war, konnte auch die Ladung Holz geborgen werden. Das Wrack wurde vom Hotelier des Nordseehotels gekauft, der auf dem Wrack ein Café einrichtete. Nach einigen Monaten schwam das Wrack durch einen Sturm wieder auf und wurde gegen eine Buhne geworfen. Einige Teile des Wracks wurden zum Ausbau des Nordseehotels verwendet.

Im Jahre 1898 wurde bei schwerem Wetter zwischen dem Borkumriff und den Brauer Platen die Viermastbark PONCHO von dem englischen Dampfer KARNAK gerammt.

Ursache für die Kollision war, dass der Kapitän der KARNAK die Geschwindigkeit der Bark unterschätzte. Statt den Kurs zu ändern und die PONCHO hinter deren Heck zu passieren, versuchte er den Kurs der Bark zu kreuzen. Als er seinen Fehler bemerkte versuchte er, mit einem sogenannten „Manöver des letzten Augenblicks" vergeblich die Kollision zu vermeiden. Die PONCHO riss ein ca. 6 Meter großes Loch auf der Backbordseite in das Heck der KARNAK. Der Kapitän der KARNAK überließ die Bark ihrem Schicksal, so dass deren gesamte Besatzung ums Leben kam. Die schwer beschädigte KARNAK erreichte sicher den Bestimmungshafen Hamburg.Vor dem Seeamt gab er zu Protokoll, das sein Schiff zu schwer beschädigt war, und er deshalb der PONCHO nicht zur Hilfe kommen konnte ohne sein eigenes Schiff zu beschädigen. Dennoch wurde ihm das Patent entzogen.

Die PONCHO war mit einer Ladung Stückgut von Hamburg aus nach Südamerika unterwegs. Die Leiche des Kapitäns und des Steuermanns trieben an. In den folgenden Wochen und Monaten trieben von der Ladung der PONCHO zahlreiche Flaschen mit Cognac, Genever und Magenlikör an den Borkumer Strand.

Die Anzahl der Flaschen war so groß, dass der Strandvogt vollkommen machtlos war. So ging die PONCHO als das „Cognacschiff" in die Geschichte Borkums ein, und viele Borkumer behielten die Viermastbark schmunzelnd in Erinnerung, obwohl ihr Untergang doch sehr tragisch war. Sogar in den 1950er Jahren sollen noch Flaschen, die von der PONCHO stammten, am Borkumer Strand angetrieben worden sein. [42]

Ein Jahr nach dieser Havarie strandete ein weiterer Großsegler östlich von Schiermonnikoog. Am 14. März 1899 sichtete der Vormann der Borkumer Rettungsstation nordwestlich von Rottum ein Schiff, das anscheinend auf Grund lag. Die OTTO HASS wurde um 14.30 Uhr zu Wasser gelassen und erreichte gegen 18.00 Uhr den Havaristen. Es war das Bremer Vollschiff REGULUS mit 18 Mann Besatzung und einer Ballastladung Zement. Der Kapitän wollte sein Schiff anfangs noch nicht verlassen; acht Mann der Besatzung waren jedoch bereits auf niederländischen Schleppern nach Terschelling gebracht worden. Zwei Schlepper versuchten dann, das Schiff zu bergen, obwohl das Wasser schon 1,5 Meter hoch im Schiff stand. Das Borkumer Ruderrettungsboot ließ sich von dem Dampfer KAISER WILHELM, der ebenfalls zur Unfallstelle gekommen war, wieder zur Insel zurückschleppen. Insulaner von Schiermonnikoog halfen, den Zement der REGULUS zu löschen, um das Schiff leichter zu machen, damit es abgeschleppt werden konnte. Am 18. März kam ein Sturm auf, und das Schiff musste aufgegeben werden. Das Schiermonnikooger Rettungsboot versuchte, die Menschen aufzunehmen; es schlug jedoch voll Wasser und kam nicht gegen den Sturm an. Also war die Hilfe vom Borkumer Vormann Herman Akkerman und der OTTO HASS wieder gefragt. [43]

Hierüber liegt ein Bericht der DGzRS Ortsgruppe Borkum vor:

„Am 18. März, nachmittags 4 Uhr, traf von der Insel Schiermonnikoog telegraphisch die Nachricht ein, dass sich auf dem deutschen Vollschiff REGULUS 30 Personen, darunter 15 Insulaner, in Gefahr befänden. Das dortige Rettungsboot hätte vergeblich versucht, zum REGULUS zu kommen und möchte das hiesige Rettungsboot unter Zuhülfenahme eines Schleppdampfers versuchen, die Leute zu retten. Da der Kapitän eines hier ankernden Schleppdampfers wegen des stürmischen Wetters entschieden ablehnte, noch denselben Abend hinauszufahren, wurde beschlossen, gegen 8 ½ Uhr mit dem Rettungsboote OTTO HASS den Versuch zu wagen, die Unfallstelle über das Watt zu erreichen. Nachdem sich die Mannschaft für die Reise gehörig ausgerüstet hatte, wurde die Fahrt angetreten, über welche wir den Vormann selbst berichten lassen:

Trotz des schlechten Wetters, das abwechselnd auch schwere Schnee- und Hagelböen brachte, kam das Rettungsboot mit Rudern und Segeln gut voran, sodass wir bei Tagesanbruch das gestrandete Schiff in Sicht bekamen. Dieser Anblick und die Aussicht auf Erfolg belebte das bereits langsamer pulsierende Blut, und einer ermunterte den anderen durch Zuruf zu neuer anstrengender Arbeit und gefahrvollem Wagen.

Etwa 4 Seemeilen vom Regulus entfernt erblickten wir südlich von demselben einen Schleppdampfer, der anscheinend vor Anker lag, jedoch im Vortopp zwei Flaggen zeigte. Wir ruderten hin, um gleichzeitig auch Erkundigungen einzuziehen, da uns der Dampfer näher lag als der Regulus, und hörten nun, dass die Bemannung des letzteren theils noch am Abend vorher, theils an demselben Morgen von Schiermonnikoog aus gerettet sei. Der Kapitän des Dampfers bat uns aber, bei ihm zu bleiben, da er selbst in Seenoth sei, das Schiff aber noch nicht verlassen könne.

Es war der Schleppdampfer Gladiator aus Hamburg, Kapitän Büttner, welchem bei den Versuchen zur Bergung des Regulus schon am 17. eine Stahltrosse in die Schraube gerathen war. Dadurch manövrierunfähig geworden, war er, nachdem ihm seine Steuerbordankerkette gebrochen, mit der hohen See über die Aussenbank hinweggestossen und lag nun aussen in der Eilanderbalje vor seinem zweiten auch

Ruderrettungsboot Otto Hass nach Rettung der Besatzung des Schleppers Gladiator, März 1899; nach einem Aquarell von Hans-Peter Jürgens (R. W. Feldmann)

bereits beschädigten Anker, auf allen Seiten von Brandung umgeben. Da das Wasser nicht Tiefe genug hatte, trieb der Dampfer, dem übrigens auch schon Ruder und Rudersteven beim schweren Aufstossen gebrochen waren, immer mehr der Seebrandung zu. Wir lagen um 9 ½ bis 3 Uhr bei dem Dampfer, mussten dann aber, da das Wetter wieder sehr schlecht wurde, den Kapitän ersuchen, sich zu entschliessen mit seiner Mannschaft, insgesamt 7 Personen, ins Rettungsboot zu gehen. Dies geschah und bei starkem aber günstigem Winde fuhren wir nun nach Schiermonnikoog, wo wir um 6 Uhr landeten und nach 2 ½ stündigem Marsche im Dorfe ankamen.

Hier wurden wir freundlich aufgenommen und versorgt. Nachdem wir die Unsrigen in Borkum durch ein Telegramm beruhigt hatten, legten wir uns nach 24stündiger schwerer Arbeit zur Ruhe. Geträumt hat Niemand, aber geschlafen. Am anderen Tage um 1 Uhr traten wir die Rückfahrt an. Das Wetter war noch sehr schlecht und brachte wieder abwechselnd Schnee- und Hagelböen. Der Wind hatte sich zu unseren Ungunsten nach N.-O. gedreht, sodass wir kreuzen mussten. Dadurch verlängerte sich die Fahrt, sodass wir erst um 9 ½ Uhr abends am Südstrande Borkums landen konnten. Hier wurden wir durch vielstimmige Hurrahs begrüsst.

Der Ortsausschuss hatte Fürsorge getroffen, dass das Boot schnell in den Schuppen gebracht werden konnte, damit wir baldigst in warme Kleider kommen konnten. Das Rettungsboot bewährte sich gut; dass es mehrfach Wasser übernahm, lag an der ausserordentlich hohen See.“ [44]

Herman Akkerman war von 1897-1925 der 3. Vormann der Borkumer Rettungsstation. (R. W. Feldmann)

Am Abend des 26. Novembers 1899 um 19.30 Uhr wurden verdächtig nah am Südstrand Lichter gesehen. Der herbeigerufene Vormann Akkerman erkannte in diesen die Lichter von zwei gestrandeten Heringsloggern. Die Rettungsmannschaft wurde alarmiert und den Schiffbrüchigen durch Abschießen einer Rakete signalisiert, dass Rettung unterwegs sei. Anderthalb Stunden kämpften die Rettungsmänner gegen den Seegang, den zunehmenden Südwestwind und den starken Sprühregen an, bis sie den ersten Havaristen erreichten. Dessen Kapitän wollte sein Schiff jedoch noch nicht aufgeben, da dieses noch dicht war. Daraufhin ruderte das Rettungsboot zu dem anderen Heringslogger, der schon voll Wasser gelaufen war. Dessen 14-köpfige Mannschaft wurde sofort übernommen und in zwei Fahrten an Land gebracht. Anschließend fuhr das Rettungsboot noch mal zu dem ersten Havaristen. Der Vormann erklärte dessen Kapitän, dass das Rettungsboot bei einsetzender Flut und zunehmendem Wind nicht bleiben könne und auch bei einem eventuell aufziehenden Sturm nicht zurückkommen könne. Daraufhin entschloss sich der Kapitän, sein Schiff aufzugeben, was seine Besatzung erleichtert aufnahm, denn sie hatte ihren Kapitän schon dazu gedrängt. Die 14-köpfige Besatzung wurde von der Otto Hass sicher an Land gebracht. Die beiden Heringslogger waren die Logger Nordsee Nr. 50 und Heinrich Daniel Nr. 52 der Emder Neptungesellschaft. In der folgenden Nacht wurde durch einen starken Sturm der Logger Nordsee Nr. 50 auf die Seite geworfen, und der Logger Heinrich Daniel Nr. 52 schlug stark leck. [45]

Im Jahre 1902 musste das alte Feuerschiff durch einen Neubau ersetzt werden. Nach 27 Jahren war der Holzrumpf der Borkumriff den harten Anforderungen des Seegebietes nicht mehr gewachsen. Deshalb entschloss man sich, das neue Feuerschiff aus Eisen zu bauen. Der Neubau war 41 m lang, hatte drei Masten, die eine Hilfsbeseglung führten und besaß Schlingerkiele, welche die Rollbewegung des Schiffes dämpften.

Auch das zweite Feuerschiff Borkumriff war mit einer Funkanlage ausgerüstet. Eine hohe Back sollte das Deck von schweren Seen freihalten. Den Neubau baute die A.G. Weser in Bremen. [46]

Im Januar 1902 wurden an der Borkumer Nordstation erstmals Übungen mit dem neu beschafften Raketenapparat durchgeführt. Im darauf folgenden Jahr stürzte der Rettungsschuppen der Südstation ein. Er wurde 1904 neu errichtet. Dieser musste 1911 um 150 m versetzt werden, da durch Sturmverwehungen die Dünen vor dem Schuppen weggerissen waren. Nur zwei Jahre später ereilte

Die erste Küstenfunkstelle der Welt nahm 1900 zwischen dem Elektrischen Leuchtturm und dem Feuerschiff BORKUMRIFF *den Betrieb auf. (Gregor Ulsamer)*

die Borkumer Nordstation ein ähnliches Schicksal: In der Nacht vom 12. zum 13. März 1906 wusch eine schwere Orkanflut die schützenden Dünen vor dem Schuppen fort, so dass dieser einstürzte. Ersetzt wurde er durch einen Neubau am Nordstrand, in dem ein neues 8,5 m Ruderrettungsboot samt Transportwagen untergebracht wurde. Der Standort war sicherer, da dieser Bereich des Strandes bereits durch Steinbuhnen geschützt war.

Am 26. Februar 1907 gegen 20.00 Uhr meldete der Wirt der Gastwirtschaft Jägerheim, dass er nördlich von Borkum Raketen aufsteigen sah und dass von dort Böllerschüsse zu hören waren. Dies wurde von einigen Jägern bestätigt. Vormann Akkerman überzeugte sich vom Neuen Leuchtturm aus und war sich sicher, dass das Schiff auf der Außen-Brauerplate festsitzen müsse. Um 21.30 Uhr wurde an der Südstation OTTO HASS zu Wasser gelassen. Wegen der groben See musste die ganze Strecke zum Havaristen gesegelt werden. Das Rettungsboot nahm durch Feuersignale mit diesem Kontakt auf. Diese wurden erwidert, so dass man direkt Kurs auf die Unfallstelle nehmen konnte. Wegen der schweren See konnte das Boot nicht direkt zum Havaristen gelangen, sondern musste die schwersten Stellen der Brandung umfahren. Das gestrandete Schiff war die Hamburger Bark VIDONIA mit 15 Mann Besatzung. Die Schiffbrüchigen hatten vollkommen die Orientierung verloren, denn sie fragten ihre Retter zuerst, welcher Nation sie angehören würden. Sieben Mann stiegen sofort ins Rettungsboot. Der Kapitän wollte sein Schiff noch nicht aufgeben und blieb mit sieben Mann an Bord. Er bat den Vormann, auf der Insel ein Telegramm aufzugeben, um Schlepper anzufordern. Sie verabredeten noch Signale für den Fall, dass das Schiff aufgegeben und die verbliebene Mannschaft gerettet werden müsste.

Zwei Tage später trafen einige Schlepper aus Hamburg an der Unfallstelle ein und versuchten, den Havaristen abzuschleppen. Dies gelang jedoch nicht, da in diesem bereits das Wasser elf Fuß hoch stand und das Schiff dadurch zu schwer geworden war. Die Rettungsmannschaft wurde gebeten, einen Versicherungsvertreter zur VIDONIA zu bringen. Erneut kämpfte sich OTTO HASS gegen den Wind im Nebel zur Unfallstelle. Dort erfuhren die Retter, dass die an Bord verbliebene Besatzung in den beiden vergangenen stürmischen Nächten Todesängste durchgestanden und zu ihrer Rettung ein Floß gezimmert hatten. Sie hatten befürchtet, dass ihr Schiff im Sturm durchbrechen würde. Die Besatzung wurde von OTTO HASS übernommen und landete um 12 Uhr am Südstrand.

Die OTTO HASS – hier im Borkumer Heimatmuseum Dykhus – war von 1893-1922 im Einsatz, und mit ihr wurden 66 Menschen aus Seenot gerettet. (Jens Bald)

Anfang März besserte sich das Wetter und die (größtenteils verdorbene) Ladung konnte geleichtert werden. Das Schiff wurde leer gepumpt, notdürftig dicht gesetzt und nach Emden geschleppt. [47]

Am 2. Mai 1907 wollte der von See kommende niederländische Fischkutter 3 Gebroeders im Sturm die schützende Borkumer Reede anlaufen. Doch der Sturm aus Süd zerriss die Takelage, und der Kutter strandete auf dem Borkumer Südstrand. Im letzten Augenblick konnte die vierköpfige Besatzung durch Otto Hass gerettet werden. Das Schiff war während der Rettung schon von den Wellen stark zerschlagen worden. [48]

Am 10. Januar 1910 sank der Hochseeschlepper Titan (I) nach einer Kollision mit dem norwegischen Segler Lady Elisabeth vor der Insel. Über die Rettung der Besatzung ist nichts bekannt. [49]

Schon 1911 musste das Feuerschiff Borkumriff von 1902 durch einen Neubau ersetzt werden. Die Meyer Werft in Papenburg, die hierzu den Auftrag erhalten hatte, rüstete das Feuerschiff mit einem Unterwasser-Schallsignal aus, dessen Schall von vorbeifahrenden Schiffen angepeilt werden sollte. Eine weitere Neuerung war, dass das Feuerschiff mit einer Dampfmaschine ausgestattet wurde. [50]

Am 16. September 1911 beobachtete ein Badegast die Kenterung eines Segelbootes am Südstrand. Da keine Zeit war, die Mannschaft des Rettungsbootes zu alarmieren, lief Vormann Akkerman mit neun Zimmerleuten, die zufällig in der Nähe der Rettungsstation gearbeitet hatten und sich freiwillig zu der Fahrt bereiterklärten, zur Unfallstelle. Die vier Insassen des Bootes hatten sich an dem langsam sinkenden Boot festgeklammert, bis das Rettungsboot eintraf. Nachdem die Geretteten am Südstrand abgesetzt waren, ruderte die Otto Hass wieder zum Havaristen, zog das Boot an eine geschützte Stelle am Strand, wo die Rettungsmänner es wieder aufrichteten. Anschließend wurde das Segelboot mit Hilfe von Pferden möglichst hoch auf den Strand gezogen, so dass das Wasser aus dem Boot geschöpft werden konnte. Es war das Segelboot Borkum des Schiffers Bekaan. [51]

Im Jahr 1912 wurde noch ein weiteres Feuerschiff in Dienst gestellt, das die Einfahrt in die Westerems erleichtern sollte. Dieses gleichfalls von der Meyer Werft gebaute Schiff war das erste deutsche unbemannte Feuerschiff. Das 25 m kleine Schiff musste aber schon 1914 wegen des Ausbruchs des Ersten Weltkrieges wieder eingezogen werden. [52]

Am 8. Dezember 1912 kam der Dampfer MONTANIA auf der Ballon-Plate fest. Zwei Tage später forderte dieser einen Schlepper aus Delfzijl an, der zwei Nächte lang vergebens versuchte, das Schiff abzuschleppen. Der Vormann der Borkumer Rettungsstation erfuhr erst am 12. Dezember durch den Anruf einer Emder Firma hiervon. Da die bisherigen Abbergungsversuche nicht erfolgreich waren, wurde per Telegramm weitere Schlepperhilfe von der Unterweser Schleppgesellschaft angefordert. Das Wetter war so stürmisch, dass es nicht zu verantworten gewesen war, mit dem Rettungsboot rauszufahren. Daher wurden in der folgenden Nacht Wachen aufgestellt, die nach Notsignalen Ausschau hielten. Am nächsten Morgen nahm der Sturm noch weiter an Stärke zu. Vormann Akkerman rief das Lotsenkommando in Emden an und fragte, ob dort Informationen über die Lage der MONTANIA vorlägen. Von dort wurde ihm mitgeteilt, dass die Besatzung des Dampfers bereits am vorherigen Nachmittag abgeborgen und nach Emden gebracht worden war. Die Schlepper mussten das Schiff aufgeben, da es schon halb voll Wasser gelaufen war. [53]

Bei dieser Bergung zeigte sich die mangelhafte Kommunikation der an der Bergung Beteiligten. Bevor in den 1930er Jahren die Rettungsboote mit Funk ausgestattet wurden, gab es kaum Möglichkeiten, die Rettungsfahrt abzubrechen, wenn die Hilfe nicht mehr nötig war. Manchmal suchte das Borkumer Rettungsboot noch nach Schiffbrüchigen, obwohl diese bereits von den niederländischen Kollegen gerettet worden waren, wie im Fall der norwegischen Bark AMAZONE im Jahr 1913. Die DGzRS hatte vor allem in ihren ersten Jahrzehnten viel mit Fehlalarmen zu kämpfen. Den Rettern kamen manchmal Gerüchte zu Ohren, deren Wahrheitsgehalt sie mit den damaligen Kommunikationsmöglichkeiten nur schlecht überprüfen konnten. Auch hielt die Kaiserliche Marine es nicht für nötig, die DGzRS von ihren Manövern zu informieren, so dass viele vergebliche Rettungseinsätze auf Marineübungen zurückzuführen waren.

In der Nacht zum 27. Oktober 1913 verlor die niederländische Tjalk NAVIGATION durch eine Bö das Ruder und den Anker und kam auf dem Nordstrand fest. Die zweiköpfige Besatzung konnte von dem Rettungsboot OTTO HASS gerettet werden.

Im Dezember 1913 kenterte der Lübecker Dampfer NARVIK in der Emsmündung, wobei die gesamte Besatzung ertrank. Das Wrack wurde kieloben treibend aufgefunden. Das Seeamt Emden stellte fest:

„Es erscheint aber die Annahme gerechtfertigt, daß die Kenterung infolge Übergehens der Ladung im Sturm bei dem schweren Seegang entweder allein oder in Verbindung mit einer anderen unbekannten Ursache eingetreten ist. Der Unfall wäre höchstwahrscheinlich vermieden worden, wenn die Schiffsführung auf Grund früherer Erfahrung die Ballasttanks gefüllt und entsprechend weniger Ladung eingenommen hätte.“ [54]

Auf der Fahrt von England nach Greetsiel kam am 3. Juni 1914 die Galeasse Frido aus Brake nordwestlich von Hoge Hörn fest. Trotz des sehr schlechten Wetters lief die Otto Hass zur Unfallstelle und rettete unter schwierigsten Bedingungen die vierköpfige Besatzung. [55]

Von den kriegerischen Handlungen des Ersten Weltkriegs blieb Borkum weitestgehend verschont. Gleich nach dessen Beginn musste die Rettungsstation im Norden der Insel geschliffen werden, da sie sich auf militärischem Gelände befand. Die Ortsgruppe der DGzRS wurde dafür finanziell entschädigt. Die Station wurde nach dem Krieg nicht mehr aufgebaut, weil sich der Strand dort so verändert hatte, dass der Einsatz eines Rettungsbootes dort kaum möglich war.

Um im Krieg das Eindringen feindlicher Schiffe zu vermeiden, wurden in der Emsmündung Minen ausgelegt. Dennoch gelang es englischen U-Booten, in diese Flussmündung einzudringen. So wurde das deutsche Schiff Sperrbre-

Sturmflut vor der Wandelhalle um 1920 (R. W. Feldmann)

CHER 11 im September 1915 von einem englischen U-Boot torpediert. Das Schiff konnte zwar noch auf den Strand gesetzt werden, musste aber dennoch zum Totalverlust erklärt werden. [56]

Während des Krieges ereignete sich im Juni 1915 vor der Insel ein tragischer Unfall, als das U-Boot U 30 nach einem Brand an Bord in der Emsmündung sank. Mit der aus dem Boot entweichenden Luft gelangten noch drei Besatzungsmitglieder an die Wasseroberfläche, die restlichen 31 Mann aber waren in dem Boot gefangen, das auf eine Tiefe von 40 m gesunken war.

Das U-Boot-Dockschiff VULKAN der Kaiserlichen Marine und das Hebeschiff OBERELBE des Nordischen Bergungs-Vereins (NBV) liefen zur Unglücksstelle. Beide Schiffe verfügten über eine Hebekraft von 500 Tonnen. Im Heck des Wracks lebten in einer Luftblase noch 13 Mann, die sich per Klopfzeichen mit den Bergern verständigten. Sofort versuchte man sechs Zoll dicke Trossen unter dem Wrack hindurchzuziehen. Das gelang auch, aber als die Trossen vorsichtig angehoben wurden, rissen sie. Zwei Tage gaben die Berger ihr Bestes, aber alle Mühen waren umsonst, und die im Wrack Gefangenen verließen ihre letzten Kräfte. Das letzte Zeichen, das die Berger aus dem Wrack vernahmen, war: „Meine Leute sind bereits eingeschlafen, ich fühle mich äußerst matt." Nachdem keine weiteren Lebenszeichen bemerkt worden waren, wurde die Bergung aufgegeben.

Im Juli desselben Jahres wurden die Bergungsversuche erneut aufgenommen. Wieder versuchte der NBV, das Boot U 30 zu heben. Diesmal wurden die Hebeschiffe OSTSEE und NORDSEE eingesetzt. Erneut wurde eine Trosse unter dem Wrack hindurchgezogen, an die diesmal eine starke Hebetrosse geschäkelt wurde. Die mit Hilfe von Ballastwasser abgesenkten Hebeschiffe wurden leergepumpt, die Trossen straff gezogen und dadurch das U-Boot angehoben. Es konnte so ein Stück geschleppt werden, bis es wieder auf Grund lag. Die Leichen, die aus dem U-Boot geborgen wurden, sind auf dem Ehrenfriedhof in Emden begraben worden. Das U-Boot konnte ider allen Erwartungen repariert und 1916 wieder in Dienst gestellt werden. [57]

Am 9. Januar 1917 lief der SPERRBRECHER 9 vor dem Borkumriff auf eine Mine und sank. Vom Schicksal der Besatzung ist nichts bekannt. [58]

Kurz vor Ende des Ersten Weltkrieges ereignete sich ein Seenotfall, der die technische Entwicklung der Rettungsstation Borkum entscheidend beeinflusste:

Nach einem Einsatz vor Norderney liefen am Abend des 6. Januar 1918 drei Vorpostenboote zurück zu ihrem Heimathafen Emden. Da die Westerems während des Krieges nicht befeuert war, wurde telegraphisch die Einschaltung der Leuchtfeuer angefragt. Diese wurden zwar eingeschaltet, waren aber nicht auszumachen, da starker Nebel herrschte. Zudem kam eine starke Dünung auf. Um ihre Position festzustellen, mussten die Boote die Leuchtfeuer peilen. Die Peilung ergab, dass sich jedes der Boote auf dem Borkum Riff befand und um 0.56 Uhr meldete eins der drei Boote, die Bürgermeister Pauli, dass es auf Grund säße.

Um 01.55 Uhr meldet auch das zweite Vorpostenboot, die Senator Schäfer, dass es auf dem Hohen Riff gestrandet sei. Das Hohe Riff ist ein Teil vom Borkum Riff. Das dritte Boot, die Lister Tief meldete um 02.50 Uhr ebenfalls seine Strandung.

Aufgrund des schweren Seegangs konnten keine Schlepper zu den Havaristen vorstoßen. Den Vorpostenbooten wurden durch die Brandung ihre Rettungsboote und Rettungsflöße zerschlagen. Die Hoffnung, sich selber retten zu können, war somit dahin.

Am Morgen des 7. Januar waren alle drei Boote leck und der immer stärker werdenen Brandung schutzlos ausgeliefert. Um 10.45 Uhr bat das Führungsboot Senator Schäfer den Küstenschutz Ems, die Besatzungen abzubergen. Erst als um 12.00 Uhr die Bürgermeister Pauli SOS funkte und zu kentern drohte, wurde bestätigt, dass das Ruderrettungsboot klar gemacht und zur Unfallstelle geschleppt würde, wo es gegen 13.00 Uhr eintreffen sollte. Bereits gegen Mittag trieben Schiffbrüchige im Wasser. Gegen 13.00 Uhr kenterte die Bürgermeister Pauli.

Um 14.45 Uhr meldete das Torpedoboot T 113, dass der Vormann des Rettungsbootes sich weigern würde, die Besatzungen abzubergen. Dies war wahrscheinlich eine eigentümliche Interpretation der Tatsache, dass es dem Vormann nicht möglich war, die Besatzungen zu retten, ohne das Leben seiner Mannschaft leichtsinnig aufs Spiel zu setzen.

Auf Anweisung des Sperrkommandanten sollte anstelle des Vormannes des Rettungsbootes nun der Kommandant des Torpedobootes die Rettung leiten.

Um 15.40 Uhr war die Verzweiflung der Besatzung der Lister Tief so groß, dass sie sich ins Wasser fallen ließen, in der Hoffnung, von einem der zahlreichen

Boote, die sich mittlerweile an der Unglücksstelle befanden, aufgenommen zu werden.

Während des gesamten Tages wurde das Unglück von der niederländischen Nachbarinsel Rottum verfolgt. Eine Anfrage von Rottum, ob deren Motorrettungsboot zur Hilfe kommen solle, blieb vorerst unbeantwortet.

Stattdessen wurden um 18.30 Uhr den Schiffbrüchigen die letzten Hoffnungen genommen, als ihnen mitgeteilt wurde, dass für diesen Tag die Rettungsarbeiten eingestellt würden.

Erst als sich am Morgen des 8. Januar zeigte, dass zwei Boote fast vollkommen von der Brandung zerschlagen worden waren, wurde gegen 11.00 Uhr die Hilfe des Motorrettungsbootes angenommen. Das Motorrettungsboot C. A. den Tex traf gegen 15.00 Uhr an der Unfallstelle ein und konnte nur noch einen der zwei an Bord verbliebenen Schiffbrüchigen retten. Trotz der schwierigen Umstände der Rettung hatten nur drei Mann von beiden Besatzungen die Rettungsaktion direkt nicht überlebt. Wie viele hinterher im Krankenhaus gestorben waren, ist nicht bekannt.

Im Gegensatz zum Ruderrettungsboot Otto Haas, die zur Unfallstelle geschleppt werden musste, zeigte sich, dass das Motorrettungsboot C. A. den Tex trotz schwersten Wetters an die Wracks heranfahren konnte. Der Matrose Kornelius Borthuis erhielt für den Einsatz die Rettungsmedaille der preußischen Regierung.

Bei diesem Einsatz wurde den Borkumern die Überlegenheit eines Motorrettungsbootes klar vor Augen geführt, so dass die Befürworter für die Beschaffung eines Motorrettungsbootes für Borkum allmählich die Mehrheit gewannen.

Die Wracks waren noch tagelang von der Wandelhalle aus sichtbar. [59]

12. Endlich ein Motorrettungsboot für Borkum

Der rasante technische Fortschritt Anfang des 20. Jahrhunderts wirkte sich auch in der Seenotrettung aus. Bereits 1896 war ein Inspektor der DGzRS nach England gereist, um Dampfrettungsboote der englischen Rettungsgesellschaft RNLI zu besichtigen. Diese bereiteten den Besatzungen allerdings so viel Schwierigkeiten, da ie Boote für die harten Wetterbedingungen des Seenotrettungsdienstes nicht geeignet waren, so dass man auf eine Einführung in Deutschland verzichtete. Im Jahr 1911 wurde das erste Rettungsboot mit einem Benzinmotor in Dienst gestellt. Es erhielt den Namen Oberinspektor Pfeifer nach dem Inspektor, der sich für die Einführung der Motorrettungsboote bei der DGzRS eingesetzt hatte. [60] Allmählich wurden die Ruderrettungsboote durch Motorrettungsboote allmählich ersetzt. Die Benzinmotoren waren jedoch noch störanfällig; vor allem die Zündung mit den Zündkerzen machte Probleme, so dass die Rettungsmänner sich lieber auf die ihnen gut vertrauten Ruderrettungsboote verließen. Daher waren die ersten Motorrettungsboote noch mit Riemen und Hilfsbeseglung ausgestattet. Die Rettungsboote mit den störanfälligen Benzinmotoren wurden später durch Boote mit Dieselmotoren ersetzt. Der entscheidende Vorteil eines Dieselmotors gegenüber dem Benzinmotor ist seine Zündung. Ein Dieselmotor zündet das Brennstoffluftgemisch durch hohen Druck und benötigt keine Zündkerzen. Die wirtschaftliche Situation nach dem Ersten Weltkrieg erschwerte jedoch den weiteren technischen Fortschritt. Es dauerte daher noch lange, bis die DGzRS alle Ruderrettungsboote durch motorgetriebene Boote ersetzt hatte.

Auf der Station Borkum wurde die Einführung eines Motorrettungsbootes vor allem durch die vorher beschriebene Strandung der drei Vorpostenboote vorangetrieben. Es zeigte sich, dass Ruderrettungsboote bei schwierigen Wetterverhältnissen an ihre Grenzen kamen. Häufig mussten diese dann zur Unfallstelle geschleppt werden. Bei der Strandung der Vorpostenboote retteten die Schlepper mehr Menschen als das Rettungsboot selber. Die Beschaffung eines entsprechenden Bootes für Borkum wurde deshalb schon lange überlegt, bis die Verwaltung der DGzRS in Bremen das Motorrettungsboot Ferdinand Laeisz von Cuxhaven nach Borkum verlegte, da während des Krieges weder Material noch Arbeitskräfte für den Neubau eines Bootes zur Verfügung standen. Am 26. Februar 1918 wurde auf Borkum die erste Probefahrt mit der Ferdinand Laeisz durchgeführt. Hierbei gab es Probleme mit der Zündung des Benzinmotors. Der Rettungsschuppen der Südstation mußte extra an das Gleisnetz der Borkumer

Kleinbahn angeschlossen werden, damit das Motorrettungsboot entsprechend auf dem Schienenwege zur Reede transportiert werden konnte.

Die Probleme mit der Zündung konnten auch weiter nicht behoben werden, denn der Motor schien nicht stark genug, um den Propeller anzutreiben. Die Besatzung ärgerte sich zunehmend über das Boot und weigerte sich sogar, es zu benutzen, wenn nicht eine Grundinstandsetzung des Motors durchgeführt würde. Daher wurde FERDINAND LAIESZ bereits 1919 zur Reparatur nach Bremen gebracht. Als das Boot am 17. Oktober wieder nach Borkum kam, strandete ein Leichter auf dem Borkumriff. Die zweiköpfige Besatzung wurde von dem Motorrettungsboot gerettet. Allerdings zeigte sich, dass auch die letzte Reparatur des Bootes nicht den gewünschten Erfolg gebrachte hatte, und schließlich weigerte sich die Besatzung abermals, mit dem Boot rauszufahren. Für Rettungsfahrten wurde wieder das Ruderrettungsboot OTTO HASS benutzt, das 1922 nach 29 Dienstjahren wegen Beschädigungen am Bootskörper außer Dienst gestellt werden musste. Für den Neubau eines Motorrettungsbootes fehlte aber in den wirtschaftlich schlechten Jahren direkt nach dem Ersten Weltkrieg und der darauf folgenden Inflation das Geld.

Einer der letzten Ruderrettungsbooteinsätze war die Rettung der ca. 100 Tonnen großen Tjalk KEHREWIEDER aus Warsingsfehn in Ostfriesland. Sie lag zusammen mit der Tjalk THERESE-JOHANNE im Borkumer Hafen, als beide Schiffe in der Nacht vom 9. auf den 10. November 1926 von einem starken Südweststurm losgerissen wurden. Geladen hatten sie Busch (Sträucher für den Wasserbau). Die zusammen vertauten Tjalken trieben auf die offene See hinaus. Erst jetzt wachten die beiden Besatzungen an Bord auf. Die Ladung schien den Tjalken zum Verhängnis zu werden. Sie waren leicht und bot eine große Angriffsfläche für den Wind. Die beiden Kapitäne beschlossen, die THERESE-JOHANNE aufzugeben und versuchten sich mit dem stärkeren Schiff, der KEHREWIEDER, zu retten. Immer weiter trieb ie Tjalk auf die Vogelinsel Lütje Hörn zu. Der inzwischen ausgeworfene Anker fasste erst im tiefen Priel Evermannsgatt, doch der Grund des Wattenmeeres war nicht fest genug, um dem Anker Halt zu geben.

Am Morgen sah man von der Insel aus die KEHREWIEDER auf dem Watt liegen, und um 8.00 Uhr wurde Alarm geblasen. Die Rettungsbootbesatzung und Vormann Johann Willms fanden sich am Südschuppen ein. Das Slippen der SCHWABEN (10 Riemen) am Strand war infolge der Sturmschäden unmöglich geworden. Also musste das Rettungsboot von Pferden zur Ostseite der Insel gezogen werden, um dort ins Wasser gelassen zu werden.

Dadurch wurde gleichzeitig die Anfahrt des Rettungsbootes stark verkürzt. Die Stelle war hinter dem damaligen Café Bloemfontein am Alten Deich. Das Gebäude ist heute ein Sporthotel. Um 9.00 Uhr wurde das Boot auf der noch vom Sturm überfluteten Außenweide zu Wasser gelassen. Durch günstigen Wind kam das Rettungsboot schnell in Fahrt. Als es den Schutz der Ostseite der Insel verlassen hatte, wurde die See immer schwerer. Die Ruderpinne musste von drei Männern gehalten werden.

Nachdem man nach ungefähr einer Stunde die Kehrewieder erreicht hatte, wurden die Segel geborgen, und man versuchte an die Leeseite des Havaristen heranzurudern. Zwei Anläufe mussten unternommen werden, bis gegen 11 Uhr alle fünf Besatzungsmitglieder gerettet werden konnten. Nun hisste man erneut die Segel und wollte nach Borkum zurücksegeln. Weil der Wind ungünstig stand, musste die Schwaben kreuzen, was jedoch zu gefährlich wurde, da sie kentern konnte. Es blieb Vormann Willms also nur übrig, die ca. 25 Kilometer entfernte Küste anzulaufen. Das Boot jagte nun vor dem Wind auf die Küste zu, aber die Fahrt durch die schwere Brandung des Wattenmeeres war gefährlich.

Auch in der Osterems musste die Schwaben noch schwer gegen die See kämpfen. Als das Ruderrettungsboot gegen 17.00 Uhr in den Greetsieler Hafen einlief,

Ruderrettungsboot Schwaben wird 1926 beim Café Bloemfontein für eine Übungsfahrt zu Wasser gelassen. (Foto Akkermann)

Motorrettungsboot HINDENBURG *(I) (Archiv DGzRS)*

drängten sich viele Schaulustige am Ufer. Die elf Rettungsmänner sowie die Geretteten wurden in Greetsiel bestens bewirtet. Am nächsten Tag machte sich die Rettungsbootbesatzung so früh wie möglich fertig zur Rückfahrt. Um 18.30 Uhr traf sie nach einer langen Rückfahrt auf Borkum ein.

Die KEHREWIEDER konnte nach einer Reparatur noch viele Jahre ihren Dienst versehen. [61]

Noch in demselben Jahr kam das stählerne Motorrettungsboot HINDENBURG (I) nach Borkum. Das Boot hatte zwei 45 PS Dieselmotoren, die allerdings störanfällig waren. Dafür hatte das Boot durch den Doppelschrauben-Antrieb sehr gute Manövriereigenschaften. Diese konnte es schon am 17. November 1928 unter Beweis stellen, als ein Logger auf der Randzel-Sandbank südöstlich von Borkum strandete. Vormann Joh. Willms der Rettungsstation Borkum berichtete:

„Am 17. November 1928, 8.30 Uhr morgens, wurde mir gemeldet, daß auf dem Binnen-Randzel ein Schiff gestrandet sei. Wie ich durch das Fernglas feststellen konnte, war auf dem Fahrzeug das Notsignal gesetzt. Sofort wurde die Rettungs-

mannschaft alarmiert, die bereits in 30 Minuten mit der Motor-Draisine auf Borkum-Reede zur Stelle war. Das schon fahrbereite Motorrettungsboot HINDENBURG *lief mit beiden Maschinen ‚Äußerste Kraft voraus', durch Sturmgeheul und hochgehende See dem gestrandeten Schiff entgegen. An der Unfallstelle angekommen, erkannten wir das gefährdete Schiff als den Dampflogger* ELLA *aus Leer. Als wir mit dem Rettungsboot* HINDENBURG *längsseits kamen, konnten wir die Freude auf den Gesichtern der Mannschaft deutlich erkennen. Es war kein Wunder, Schiff und Besatzung hatten eine gefahrvolle Nacht hinter sich. Um 11 Uhr nachts waren im brüllenden Sturm beide Ankerketten gerissen. Trotz laufender Maschine ‚Äußerste Kraft voraus' wurde der Logger rückwärts auf den Randzel geworfen. Auf die Frage, ob die Mannschaft das Schiff verlassen sollte, bat uns der Kapitän, bis zum Hochwasser bei ihm zu bleiben. Um 2 Uhr nachmittags bestieg die 17 Mann starke Besatzung unser Rettungsboot, worauf wir mit voller Kraft nach Borkum zurückfuhren. Die Mannschaft wurde hier im Hotel ‚Deutscher Kaiser' und im Kurhaus ‚Roselius' durch den Strandvogt Major a. D. Held untergebracht und gut bewirtet. Bergungsdampfer sind zur Stelle und versuchen, das Schiff abzuschleppen."* [62]

Einer der bekanntesten Einsätze der HINDENBURG (I) war die Abbergung der zwölf Mann Besatzung des Dampfers HAGFORS, Heimathafen Uddeholm in Südschweden, Reederei G. W. Lyth, Stockholm. Am 23. November 1928 lief

Motorrettungsboot HINDENBURG *(I) in Emden (Archiv DGzRS)*

Holzsegen der HAGFORS auf dem Borkumer Strand im Herbst 1928 (R.W. Feldmann)

die HAGFORS auf das Hohe Riff, unweit der Stelle wo 1918 die drei Vorpostenboote gestrandet waren. Das Schiff war mit einer Holzladung von Göteborg nach Frankreich unterwegs. Das Rettungsboot ankerte zunächst 40 m von dem Wrack entfernt auf der Luvseite, da auf der Leeseite zu wenig Wasser war. Die Rettungsmänner gaben nun der Ankerkette 30 Meter Kette zusätzlich, so dass die HINDENBURG bis auf sieben Meter an das Wrack herankam. Zuerst wurden zwei Frauen und vier Männer übernommen, und wenig später konnten auch die restlichen sechs Männer vom Wrack übernommen werden.

Vormann Willms bekam für den Einsatz vom schwedischen König eine goldene Taschenuhr mit folgender Widmung:

„Von der königl. Regierung dem Befehlshaber des Rettungsbootes HINDENBURG, Johann Willms, erteilt als Anerkennung für die Rettung des schwedischen Dampfschiffes HAGFORS am 23. November 1928.“ [63]

Diese Uhr ist heute im Borkumer Heimatmuseum zu besichtigen. Am 8. Dezember ist die HAGFORS dann durchgebrochen und das Achterschiff verschwunden. Das Vorschiff blieb jedoch durch die Holzladung schwimmfähig und trieb bis zum 18. Dezember zwischen dem Borkumriff und dem Südbad kieloben und stellte somit eine Gefahr für die Schifffahrt dar. Den Schleppern LANGEOOG und

Die Schlepper LANGEOOG *und* CORNELIUS WESSELS *am Wrack des kieloben treibenden Vorschiffes der* HAGFORS*, 1928 (Foto Akkermann)*

CORNELIUS WESSELS gelang es schließlich, das Vorschiff auf den Haken zu nehmen und nach Emden zu schleppen. Dort wurde es abgewrackt und die Holzladung versteigert.

Die Seeamtsuntersuchung ergab, dass der Kapitän eine Leuchtboje verwechselt hatte, da er nach einer veralteten Seekarte navigiert hatte. Dies wurde ihm jedoch nicht zum Vorwurf gemacht, weil er auf der Reise nach Frankreich war und die Emsmündung nur zum Schutz ngelaufen hatte.

Ein Gedenkstein auf dem „Walfängerfriedhof“ am Fuße des Alten Leuchtturms erinnert heute an ein schweres Unglück, das die gesamte Borkumer Bevölkerung damals erschütterte. Die Inschrift lautet:

„In der Sturmnacht des 21./22. September 1931 fanden den Seemannstod im Haaksgatt beim Unglück des Motorbootes ANNAMARIE*: Christian Harms, Heinrich Hedden, Robert Heidemann, Heinrich Hilbers, Friedrich Meeuw, Johann Michaelsen, Jean Souchon, Wilke Specht, Heinrich Specht, Gustav Schröder, Eldert Teerling, Heinrich Wessels, Adolf Wybrands, Georg Wybrands aus Borkum und Hugo Grünewald aus Fröndenberg.*

Psalm 90, Vers 12

Gewidmet von den Borkumer Jungens 1958“

Die Tragödie nahm ihren Lauf, als die Mitglieder des Borkumer Turnvereins Jahn am 21. September 1931 zur Nachbarinsel Juist aufbrachen, um mit dem Juister Turnverein einen gemeinsamen Wettkampf zu veranstalten. Mit dem Boot ANNAMARIE des Zeitungsverlegers Wilke Specht segelten sie vom Borkumer Hafen los. Sie landeten glücklich auf Juist, turnten abends und feierten bis in die Nacht. Da es am nächsten Morgen stürmte, entschlossen sie sich, erst mit der nächsten Flut spät nachmittags die Rückfahrt nach Borkum anzutreten. Unter dem Schutz der Insel Juist lief die ANNAMARIE die Juister Balje entlang. Die Stimmung an Bord war gut, und bis auf den Steuermann befanden sich alle Bootsinsassen in der kleinen Kajüte. Da alle Borkumer rechtzeitig wieder zu Hause sein wollten, entschieden sie sich für die kürzere Route nördlich der Vogelschutzinsel Memmert durch das Haaksgatt. Diese Fahrrinne war nur spärlich mit Pricken gekennzeichnet. Durch die starke Strömung zwischen den Inseln verändern sich die Sandbänke hier ständig. Die sicherere Route über das Nordland wäre viel länger gewesen.

Als der Schiffsführer die offene See zwischen Juist und Memmert erreicht hatte, nahm der Seegang zu. Dwarswellen schlugen über das Boot herein, und die einbrechende Dunkelheit erschwerte es dem Schiffsführer, die Einfahrt in das Haaksgatt zu finden. Durch die starke Strömung kam die ANNAMARIE immer weiter vom Kurs ab. Plötzlich brach eine besonders schwere See über das Boot herein und riss alles, was nicht fest angebracht war, von Bord. Die Plicht war halb voll Wasser. Eine zweite hohe Welle folgte, ersoff den Motor und riss das Ruder ab. Das Boot stieß auf Grund. Sofort wurde der Anker ausgeworfen, der aber nicht hielt. Es war gegen 20.00 Uhr, und die auflaufende Flut schlug mit schweren Seen über die Yacht herein. Die ANNAMARIE war schutzlos den Naturgewalten ausgeliefert. An Bord kam Unmut auf über die Entscheidung, durch das Haaksgatt zu fahren. Der Streit konnte jedoch bald geschlichtet werden, so dass der Zusammenhalt der Gruppe nicht gefährdet wurde. Einige der Borkumer schlugen vor, zu einer der Inseln zu schwimmen. Dies war aber fast aussichtslos, da Memmert 1-2 km, Juist 3 km und Borkum 10 km weit entfernt waren. Die Strömung würde sie sofort abtreiben. Also blieben alle 19 Schiffbrüchigen erst einmal bei dem Wrack, obwohl die Hoffnung, dass ihre Strandung bemerkt würde, äußerst gering war. Es gelang ihnen nicht, ein Feuer anzuzünden, um Hilfe zu alarmieren. Die einbrechende Dunkelheit ließ kaum Hoffnung auf Rettung. Einige Männer kletterten auf das Kajütdach und mußten hilflos mit ansehen, wie die Brandung ihre Yacht immer weiter zerschlug.

Die Annamarie *im Greetsieler Hafen vor dem Unglück (R.W. Feldmann)*

Beim späteren Niedrigwasser erkundeten sie die Umgebung, erkannten aber, dass die Sandbank auf jeder Seite vom Wasser eingeschlossen war. In dieser Situation stimmte der Organist Jean Souchon den Choral „Großer Gott wir loben dich“ an, in den alle 19 einstimmten. Bald setzte die Flut wieder ein und ihnen blieb eigentlich keine andere Möglichkeit, als wieder zurück zum Wrack zu laufen. Als sie dort ankamen, gelang es ihnen wenigstens, mit einem Anker die arg zerstörte Yacht zu sichern, damit sie in dessen Leeseite noch etwas Schutz fanden. Einige hofften, die Annamarie wieder flott zu bekommen, aber es gelang nicht, sie zu lenzen. Zu tief hatte sich das Boot schon in den Mahlsand eingegraben. Die 19 Schiffbrüchigen wussten spätestens jetzt, dass nur noch ein Wunder sie am Leben halten konnte. Aber schon holte sich die See ihre ersten Opfer. Beim Morgengrauen, als sich am Horizont die Umrisse von Memmert abzeichneten, lebten nur noch sieben Mann. Einer der Schiffbrüchigen, ein geübter Rettungsschwimmer, wagte es, zur Vogelinsel zu schwimmen. Mit letzter Kraft erreichte er das Haus des Inselvogtes, der per Telefon eine große Rettungsaktion einleitete. Sofort eilte die Juister Rettungsmannschaft zum Bootsschuppen und spannte die Pferde vor den Transportwagen, mit dem sie das Ruderrettungsboot Walpoden aus Mainz zu Wasser ließ. Vom Juister Hafen lief ebenfalls der Motorkutter Ilse aus. Von Borkum kam das Motorrettungsboot Hindenburg und das Marineboot UZ 32 und von Norderney das Motorrettungsboot Bremen zu Hilfe. Nur vier der 19 jungen Männer konnten gerettet werden. Einer der Schiffbrüchigen ertrank unter den Augen der Retter, die vergeblich nach ihm tauchten. Bei der darauf folgenden groß angelegten Suchaktion konnte kein weiterer Überlebender gefunden werden. An den Stränden von Memmert, Lütje Hörn, Juist, Wangerooge und dem niederländischen Festland wurden in den nächsten Wochen sechs Leichen von der ANNAMARIE angespült. [64]

Der Borkumer Berend Baalmann, einer der vier Geretteten, verfasste zwei Tage später einen Dankesbrief an seine Retter aus Juist:

„An meine Lebensretter!
Ich glaube, daß Ihr alle, die Ihr Euer Leben gewagt habt, um mich aus Todesgefahr zu befreien, mich auch verstanden und meine Dankbarkeit auch gefühlt hättet ohne dieses Schreiben. Und doch möchte ich es nicht unterlassen, jedem einzelnen noch mal persönlich zu danken für sein Kameradschaftsgefühl und seine Nächstenliebe. Wenn ich ein Rothschild wäre, ich würde es auf eine andere Art gutmachen. Doch leider besitze ich nicht mehr als das zum Leben Notwendige. Sollte ich noch mal nach Juist kommen, so werde ich nicht versäumen, Euch allen noch mal persönlich die Hand zu drücken.

Mit den besten Grüßen und Wünschen
bin ich Euer ewig dankbarer
Berend Baalmann

Anbei meine Aussage bei der Polizeibehörde, die veröffentlicht wurde, um falschen Gerüchten entgegenzutreten.
D.O.
Ich wäre für die Namensangabe der an meiner Rettung Beteiligten sehr dankbar.“

Bereits 1932 wurde die HINDENBURG (I) wegen Materialermüdung am Motor und mehrerer Wellenbrüche außer Dienst gestellt. Als Ersatz kam in demselben Jahr die AUGUST NEBELTHAU auf die Insel.

Ein trauriger Rest der ANNAMARIE nach dem Unglück (R.W. Feldmann)

Die Rettungsfahrt der AUGUST NEBELTHAU

Frachter ELISE SCHULTE im Hafen (R. W. Feldmann)

Blick von AUGUST NEBELTHAU auf das Wrack in der Ferne (R. W. Feldmann)

AUGUST NEBELTHAU am Wrack der ELISE SCHULTE (Archiv DGzRS)

Anfang Oktober 1934 kam der Emder Erzfrachter ELISE SCHULTE mit einer Ladung Eisenerz auf dem Juister Riff fest. Der AUGUST NEBELTHAU gelang es, die 33köpfige Besatzung komplett zu retten. Tagelang versuchten bis zu fünf Schlepper, das Wrack bei Hochwasser freizuschleppen, aber das Schiff brach durch die schwere Ladung in der Mitte durch.

Am 5. Dezember 1934 rettete Vormann Lüken mit der AUGUST NEBELTHAU 16 Personen von dem Logger LUISE HENRIETTE. Der überlebende Matrose Wilhelm Hanneken hat über das Schiffsunglück einen Bericht verfasst:

„Bericht über die Strandung des Motorloggers LUISE HENRIETTE, *Emden, am 4. Dezember 1934: Bei dichtem Nebel, heimkehrend von der letzten Fangreise der Saison 1934, lief das Schiff unter der Führung von Kapitän Reck, Leer, am 4. Dezember 1934 gegen 22 Uhr bei Borkumriff auf Grund fest. Da der Wind während der Nacht zunahm, wurde das Schiff von den schweren Brandungsseen hochgehoben und dann wieder auf den harten Riffgrund geschleudert, so daß man meinte, es würde zerbrechen. Das eigene, an Bord befind-*

liche Rettungsboot wurde ausgesetzt, aber es zerschellte innerhalb einer Viertelstunde an der Bordwand, so daß nur die Fangleine übrig blieb. Während der Nacht wurden sämtliche an Bord befindlichen Notsignale und Leuchtfeuer abgeschossen und abgebrannt, aber es kam keine Rettung in Sicht. Beim Morgengrauen wurde der letzte mit Gasöl übergossene Strohsack abgebrannt.

Motorrettungsboot AUGUST NEBELTHAU *im Einsatz (Archiv DGzRS)*

Dieses Notsignal wurde von einem Besatzungsmitglied des Motorrettungsbootes AUGUST NEBELTHAU *gesichtet, der gerade mit der Inselbahn zum Hafen fuhr. Gegen neun Uhr traf das Rettungsboot am 5. Dezember bei uns ein. Der Rettungsakt war voller Dramatik. Es bestand die große Gefahr, daß die* AUGUST NEBELTHAU *zerschellen würde, wenn sie versuchte, längsseits zu kommen. So wurde beschlossen, die 16 Mann starke Besatzung in drei Gruppen einzuteilen. Mit einem Rettungsfloß zogen die Rettungsleute jede der drei Gruppen einzeln durch die hohe Brandung zur* AUGUST NEBELTHAU. *Das mutige Manöver gelang, und die gesamte Besatzung des Motorloggers* LUISE HENRIETTE *konnte gerettet werden. Heute noch einmal meinen Dank an den Seenotrettungsdienst!"*

Wrack der ELISE SCHULTE *auf dem Juister Riff (R.W. Feldmann)*

AUGUST NEBELTHAU *am Wrack der* ELISE SCHULTE *(Archiv DGzRS)*

Das Wrack des Loggers LUISE HENRIETTE auf dem Borkumriff, 1934 (R.W. Feldmann)

In der Nacht vom 17. zum 18. September 1935 wütete ein Gewittersturm mit bis zu 11 Windstärken vor Borkum. In dieser Nacht erlitt der mit 2000 Tonnen Weizen beladene Frachter BRAMOW aus Warnemünde einen Ruderschaden und kam vom Kurs ab. Nach der Alarmierung durch die Marinenachrichtenstelle Borkum lief die AUGUST NEBELTHAU aus, ihr gelang es aber nicht durch die hohe Brandung zur Strandungsstelle zu gelangen und lief zurück zur Reede. Am Strand wurden der Raketenapparat und die Hosenboje klar gemacht für den Fall, dass der Havarist dicht an den Strand treiben würde. Dann könnte man eine Leinenverbindung herstellen. Die Hosenboje kam jedoch nicht zum Einsatz. Die BRAMOW strandete schließlich auf dem Borkumriff.

Am Morgen des 18. September lief die AUGUST NEBELTHAU erneut aus. Diesmal erreichte sie den Havaristen, und es gelang, viel Öl auszubringen, um die Wellen zu beruhigen. Ein Längsseitsgehen schien den Rettungsleuten aber zu riskant zu sein, denn über das Deck der BRAMOW liefen große Brecher. Dem ebenfalls zu Hilfe gekommenen niederländischen Rettungsboot INSULINDE gelang es, sich zwischen die AUGUST NEBELTHAU und die BRAMOW zu schieben. Die INSULINDE wurde von einer Grundsee erfaßt und nah an den Havaristen geworfen. In diesem Augenblick gelang es zwei Schiffbrüchigen in das Sprungnetz des Rettungsbootes zu springen. Der Vormann Visser kämpfte sich in vielen Anläufen immer wieder an das Wrack heran und schließlich waren alle 12 Schiffbrüchigen gerettet.

Es ärgerte die Borkumer Seenotretter, dass sie nicht über den Einsatz ihrer niederländischen Kollegen informiert wurden. Diese wiederum waren froh über die Überlegenheit ihres Rettungsbootes gegenüber der AUGUST NEBELTHAU. Später kam es daher zu einem Treffen der beiden Rettungsdienste, und man vereinbarte, eigene Kenntnisse über Seenotfälle weiterzugeben. Ab 1937 führten beide Gesellschaften regelmäßig gemeinsame Übungen durch. Dennoch gab es viele Jahre Kommunikationsprobleme zwischen beiden Rettungsgesellschaften. So wurde nach dem Untergang der IRENE OLDENDORFF, 1952, das noch auf Suchfahrt befindliche niederländische Rettungsboot INSULINDE nicht informiert, dass die Besatzung des Frachters tot aufgefunden wurde.

Die Weizenladung der BRAMOW trieb in den folgenden Tagen und Wochen am Borkumer Strand an. Dort lag das Getreide fast 30 Zentimeter hoch, so dass er mit Schaufeln auf Wagen aufgeladen werden konnte. Gern fraß das Borkumer Vieh dieses Futter, jedoch konnte man die Fressgeräusche kaum ertragen, da sich Muschelreste in dem Futter befanden. [65]

Im April 1937 wurde das Rettungsboot HINDENBURG (II) auf Borkum stationiert, da die Rettungsmänner mit der Manövrierfähigkeit der AUGUST NEBELTHAU

Frachter BRAMOW auf dem Borkumriff, 1935 (R.W. Feldmann)

Der Heringslogger AE 98 strandete am 13.1.1937 auf dem Borkumer Südstrand (R.W. Feldmann)

nicht zufrieden waren. Bei diesem Boot war der Ruderstand erstmals überdacht worden, um die Besatzung vor schweren Seen zu schützen. Telefonie ermöglichte dem Boot, mit einem Havaristen oder der Leitstelle in Kontakt zu treten. Die Mannschaftsunterkünfte waren bei diesem Boot erstmals beheizt. Der Rumpf war nicht aus Stahl, sondern aus Teakholz. Ein Vertreter der niederländischen Rettungsgesellschaft kam damals nach Borkum, um das neue Rettungsboot zu besichtigen. [66]

Der Hamburger Dampfer RICHARD BORCHARDT sank am 28. Januar 1938 bei schwerem Wetter vermutlich in der Nähe des Feuerschiff Borkumriff. Er befand sich mit einer Ladung Kohle auf der Reise von Nordenham nach Spanien.

13. Der Rettungsdienst im Schutz der Genfer Konvention

Bei Ausbruch des Zweiten Weltkrieges war Borkum eine gut ausgebaute Seefestung. Erneut wurden Minen in der Emsmündung ausgelegt, auf die feindliche Schiffe auflaufen sollten. So geriet im Sommer 1940 vor Borkum ein finnischer Frachter auf eine Mine. Der ganze Strand war kurz danach voller Holz, und die Insulaner brauchten mehrere Tage, um alles zu bergen. Hinzu kamen feindliche Minen, die von alliierten Flugzeugen aus abgeworfen wurden, um die deutsche Versorgung mit Importen zu verhindern. Schließlich war Emden einer der wichtigsten deutschen Häfen für den Import von schwedischem Eisenerz, das die deutsche Kriegsindustrie dringend benötigte.

Auch in den sechs Kriegsjahren blieb Borkum weitestgehend verschont. Vor allem zum Kriegsende hin wurden von der Insel feindliche Flugzeuge beschossen, die zur Bombardierung deutscher Städte die Nordseeinseln überflogen. Da Borkum zur Seefestung ausgebaut worden war, flogen die meisten Flugzeuge jedoch in großer Höhe mit respektvollem Abstand an der Insel vorbei.

Motorrettungsboot HINDENBURG (II) (Archiv DGzRS)

Die deutschen Rettungsmänner konnten seit 1940 durch den Status als Lazarettschiff nach der Genfer Konvention unabhängig von der Nationalität in Seenot geratenen Schiffen zu Hilfe kommen. Dennoch kam es immer wieder zu Angriffen von alliierten Flugzeugen auf Rettungsboote. Den hervorragenden Besatzungen der Boote ist es jedoch zu verdanken, dass bis auf die HINDENBURG (II) alle Rettungsboote den Krieg unbeschadet überstanden. Oft kam der Nebel den Rettungsbooten zu Hilfe und machte es den Flugzeugen unmöglich, die Boote vom „Roten Kreuz der See" zu verfolgen.

Im November 1939 wurde die HINDENBURG (II) von englischen Fliegern angegriffen. Energisch bemühte sich Vormann Lüken darum, eine Rot-Kreuz-Flagge zu besorgen, um die humanitäre Aufgabe des Bootes zu unterstreichen.

Einige Tage später kam der Dampfer GERRIT FRITZEN der Emder Reederei Fritzen auf den Lauwers Gründen fest.

Hierzu der Bericht des Vormanns Hans Lüken:

„Der Dampfer GERRIT FRITZEN, Kapitän Kleen, Heimathafen Emden, lief am 23. November 1939 um 20.30 Uhr in den Lauwers Gründen auf. Durch den Lotsendampfer BORKUM wurde sofort Schlepperhilfe angefordert. Am 25. November um 1.00 Uhr nachts wurde mir die Strandung durch Herrn Wiard Byl gemeldet. Um 2.30 Uhr meldete die Signalstation: ‚Der Lotsendampfer BORKUM meldet: Die vier Schleppdampfer, die bei dem gestrandeten Dampfer GERRIT FRITZEN sind, können keine Verbindung aufnehmen. Bei dem auffrischenden NW ist ein Rettungsboot an der Unfallstelle erforderlich.' Ich alarmierte sofort einige Bootsleute. Wir fuhren mit der Draisine zur Reede und dampften um 3.30 Uhr aus dem Hafen. Wind 7, Flut.

Mit Tageswerden waren wir an der Unfallstelle. Wegen der schweren Grundsee konnten die Schlepper keine Verbindung herstellen. Um 9.30 Uhr war Hochwasser. Gegen 8.30 Uhr brach die Ankerkette, der Dampfer wurde dwars geworfen, die See brandete über Deck. Wir konnten uns jetzt in Lee des Dampfers aufhalten. Einem Schlepper gelang es, Verbindung herzustellen, die Schlepptrosse brach aber bald. Da nun das Wasser fiel, gingen wir in Lee des Dampfers längsseits. Für die Besatzung bestand keine Gefahr, das Schiff machte noch kein Wasser. Wir verabredeten, daß das Rettungsboot in Bereitschaft bleibe. Der Inspektor der Reederei kam zu uns an Bord. 10.30 Uhr dampften wir nach Borkum zurück, da der Inspektor dringend telefonieren mußte. Um 13.00 Uhr waren wir im Hafen. Die Besatzung blieb an Bord in Bereitschaft. Am 25. November um 7 Uhr dampften wir mit dem Inspektor wieder zur Unfallstelle. Wind SW 8-9, um 10 Uhr war Hochwasser. Das Rettungsboot Insulinde *von der niederländischen Rettungsgesellschaft war ebenfalls am 25. an der Unfallstelle eingetroffen. Drei Bergungsdampfer hatten Schleppverbindung und versuchten, den Dampfer abzuschleppen, der schwer arbeitete.*

Das Ruder war gebrochen, und er hatte bereits Wasser in den Räumen. Kurz darauf brachen die Trossen. Bis 13.00 Uhr arbeitete der Dampfer schwer in seinem aufgewühlten Bett. Mit halber Tide konnten wir in Lee anlegen und unser Boot festmachen. Da das Wetter sich verschlechterte und der Wind aus NW wieder stärker wurde, wurde beraten, gegen Abend das Schiff zu verlassen.

Um 11.30 Uhr erhielten wir über Norddeich Radio folgenden Funkspruch:

‚An Rettungsboot Hindenburg. *Falls Abschleppversuch Dampfer* Fritzen *erfolglos, Besatzung auf Grund Wetterlage bergen. Seeschiffahrtsbevollmächtigter'.*

Mit einsetzender Flut – 15.40 Uhr – erreichte der Sturm in Böen Windstärke 10. Die Grundseen schlugen schon wieder über Deck, so daß das Rettungsboot mehrmals von der überkommenden See eingedeckt wurde. Der Kapitän gab Befehl, das Schiff zu verlassen. Seesack und Koffer wurden bei uns an Bord geworfen. Als die Mannschaft versammelt und abgezählt war, übernahmen wir sie mittels einer Jakobsleiter. Die Rettung klappte sehr gut, obwohl sie durch die überkommende See recht schwierig war. Auch die Schiffskatze, genannt Peter, wurde nicht vergessen. Als Letzter verließ der Kapitän sein Schiff. Er wurde, als er auf der Jakobsleiter stand, durch eine überkommende See überrascht und völlig vom Wasser eingedeckt. Mit einer günstigen See gelang der Sprung an Deck. Unsere Leinen wurden geslippt, und mit Volldampf machten wir uns vom Wrack frei. Durch die Grundsee arbeiteten wir uns in das Fahrwasser. Viele blickten noch zu dem Schiff, das jetzt von einer Grundsee überspült wurde und dem Tode geweiht war, zurück. Manches Lob mußte ich von den Schiffsoffizieren hören, die unser Boot bewunderten, als es durch die Grundsee fuhr. Um 19.00 Uhr erreichten wir den Borkumer Hafen. Nachdem ich telefonisch dem Strandvogt die Rettung gemeldet hatte, wurde von dort Unterkunft für die Schiffbrüchigen besorgt. Wohlbehalten trafen alle um 21.00 Uhr auf dem Bahnhof ein, wo die Besatzung in drei Hotels verteilt wurde. Gerettet wurden 32 Mann Besatzung, ein Seelotse und ein Inspektor der Reederei. Heute Morgen, den 27., fuhr der Bergungsdampfer Seebär *nochmals zur Unfallstelle. Nach einem hier eingelaufenen Telegramm von der* Seebär *ist der Dampfer* Gerrit Fritzen *durchgebrochen. Vorderschiff und Aufbauten sind nicht zu sehen, der hintere Mast steht noch."* [67]

14. Verschollen auf See

Eine der letzten Rettungsfahrten der Hindenburg (II) war die Rettung der 20 köpfigen Besatzung des finnischen Dampfers Minvera im November 1940.

Auch von diesem Einsatz liegt ein Bericht von Vormann Lüken vor:

„Bei diesigem Wetter sichteten wir den gestrandeten Dampfer auf den Brauer-Platen. Er lag mit 45° Schlagseite nach Steuerbord und arbeitete schwer in der Grundsee. Die Besatzung war damit beschäftigt, die aus Grubenholz bestehende Deckslast über Bord zu werfen. Das Schiff war leck und drohte zu kentern.

Es war nur möglich, von Luvseite anzulegen. Wir stellten Leinenverbindung her, scherten längsseits und nahmen mit günstigen Seen 13 Personen, davon 2 Frauen über. Bei der Bergung wurde unser Boot beschädigt, so daß wir uns vom Dampfer losmachen mußten. Er rollte mit einsetzender Flut jetzt sehr stark, so daß die Deckslast in Bewegung geriet und über Bord ging. Die Schlagseite wurde immer stärker.

Die noch an Bord befindliche Besatzung bestieg ein am Heck befindliches Boot und begab sich an Bord eines anderen in der Nähe der Unfallstelle liegenden Fahrzeuges, um dort die angeforderte Schlepperhilfe abzuwarten. Da diese zunächst ausblieb, wurde beschlossen, vorerst die an Bord der Hindenburg befindlichen Geretteten in Borkum zu landen, um dann nach der Unfallstelle zurückzukehren.

Am 10.11. verließen wir, wie verabredet, um 7 Uhr den Hafen Borkum. Das Wetter hatte sich weiter verschlechtert. SW-Sturm, grobe See und Regen. Um 9 Uhr erreichten wir den Dampfer, der wrack geworden war. Wir mußten wieder am Heck anlegen. Das Boot arbeitete schwer. Mit Hilfe einer bereitgelegten starken Trosse ließen wir das Boot in die gefährliche Nähe des Wracks kommen, während ich das Boot mit dem Motor in Gewalt hielt. Trotzdem wurden wir mehrmals stark gegen die Bordwand geschlagen, wobei unser Boot neue Beschädigungen erhielt. Es gelang uns, die noch an Bord befindlichen 8 Mann unverletzt überzunehmen. Als letzter verließ der Kapitän sein Schiff. Die Leine wurde gekappt. Mit voller Kraft machten wir uns frei. Noch einmal umfuhren wir das dem Tode geweihte Schiff, dann nahmen wir Kurs durch das Riffgat bei 1 sm Sicht auf Borkum.“ [68]

Am 28. November 1940 lief die Hindenburg (II) zu ihrer letzten Rettungsfahrt aus. Dem Emder Frachter Erika Fritzen waren im Sturm die Ruderketten gebrochen, und er trieb manövrierunfähig vor der Insel Borkum. Als die Hindenburg (II) zwischen 16 und 17 Uhr beim Havaristen eintraf, war es der Besatzung der Erika Fritzen bereits gelungen, beide Ruderketten notdürftig zu reparieren. Die Hindenburg (II) begleitete den gleichfalls zur Hilfe geeilten Lotsendampfer Emden noch bis zu seiner Seeposition und fuhr dann in Richtung Borkumer Hafen weiter. Dort kam sie jedoch nie an. [69]

Was war geschehen? Gegen 23 Uhr wurden von Borkum aus anfliegende feindliche Flugzeuge durch die Flak (Flugabwehrkanonen) abgewehrt. Dieser Angriff ist vom Lotsendampfer Emden aus beobachtet worden, wobei auch eine rote Signalrakete gesichtet worden ist. Man vermutete erst, diese würde von einem Flieger stammen. Im Nachhinein ist man sich jedoch sicher, dass diese ein Notsignal von der Hindenburg gewesen ist. Die damals auf der Insel vorhandenen Unterwasserhorchanlagen hatten keine Explosion einer Seemine oder ähnliches empfangen.

Als am nächsten Morgen die Hindenburg (II) immer noch nicht zurückgekehrt war, wurde eine groß angelegte Suchaktion eingeleitet. Am Borkumer Strand wurde ein Rettungsring angespült, in welchem sich ein Seemann hielt. Als man versuchte, diesen zu bergen, glitt er aus dem Ring und trieb ab. Es handelte sich hierbei offenbar um den Maschinisten Glockmann, dessen Leiche neun Tage später am Nordstrand antrieb. Er trug keine Schwimmweste.

Das Seenotrettungsboot Bremen, die Reichsmarine sowie die Luftwaffe beteiligten sich an der Suche, fanden aber weder das Boot noch irgendwelche Hinweise auf die Unglücksursache. Einige Teile trieben aber an den Stränden von Borkum und der niederländischen Insel Rottum an: Ein zwei Quadratmeter großes Brett mit weißem Kreuz, eine Schiebeluke, eine Rot-Kreuz-Flagge, zwei Bootshaken und zwei Rettungsringe. Wenn das Boot auf eine Mine gelaufen sein sollte, wären vermutlich mehr Wrackteile von der hölzernen Hindenburg angespült worden. Es ist auch unwahrscheinlich, dass das Boot durch den Beschuss der Flugabwehrkanonen versenkt worden ist, auch dann hätten mehr Wrackteile gefunden werden müssen. Die Kaliber einer Flak sind zu klein, um damit ein Boot sofort zu versenken. Die Hindenburg muss innerhalb weniger Augenblicke gesunken sein. Eine Kollision mit einem Unterwasserhindernis kann bei der soliden Bauart der Motorrettungsboote kaum zu einem schnellen Sinken führen. Es kann sein, dass ein angreifender Flieger die Neutralität des Bootes, um die Vormann Lüken so gekämpft hatte, missachtet und das Boot versenkt hat. Das Ende der Hindenburg bleibt rätselhaft.

Gedenkstein der HINDENBURG *und der* ALFRIED KRUPP *an der Süderstraße (Jens Bald)*

Auf Borkum ist nach dem Krieg ein Gedenkstein gegenüber der Gaststätte Aikes an der Süderstraße zum Gedenken an die Besatzung der HINDENBURG aufgestellt worden.

Der ostfriesische Heimatdichter und Borkumer Ehrenbürger Berend de Vries (1883-1959) verfasste kurz danach ein Gedicht, mit dem er den sechs Männern der HINDENBURG ein bleibendes Denkmal setzte:

Letzte Fahrt

Ich saß bei ihm, zwei Wochen eh'
Sie alle hinabriß der Tod.
Er erzählte von den Wracks, von wilder See
Und lobte sein tüchtiges Boot.
Von seinen fünf Männern sprach er dann:
„An Bord geht es ordentlich zu,
Weil sich jeder auf jeden verlassen kann."–
Ja, die HINDENBURG*-Leute, Mann für Mann,*
Das war eine feine Crew.

Sie haben's bewiesen so manchesmal,
Wenn der Funkspruch nach draußen sie rief.
Und drohten Gefahren auch ohne Zahl:
„Smiet los" Und das Rettungsboot lief.
Aus dem Hafen lief es, ob Tag oder Nacht.
Ob die Brecher auch heulten vor Wut.
Nichts focht sie an, sie gewannen die Schlacht.
Hundertsiebzig und mehr haben heim sie gebracht.
Sie verstanden ihr Rettungswerk gut!

Nun kam die Kunde von einer Fahrt,
Von der sie nicht kehrten zurück.
Der Nordnordwest ist von böser Art,
Und die Grundsee ist voller Getück.
Doch war es die See? Fast blieb keine Spur
Vom Boot, das die Tapferen trug.
Den Minen ist auch ein Rettungsboot nur
Ein Hindernis, das ins Verderben fuhr.
Im Krieg sind Gefahren genug.

Als sie nach zwanzig Meilen Gestampf
Dem Notschiff sich nähern in Lee,
Da braucht es keine Hilfe im Kampf
Gegen die rasende See.
Es hilft sich selbst. Nicht nötig mehr!

Alles in Ordnung jetzt!
Gewinke. Fahrt heim! Wir danken sehr!
Grau sinkt der Tag, grell schäumt das Meer.
Da hauen sie ab dann zuletzt.

Die sie noch seh'n von der Brücke des Schiffs
Im Nordseesturmabend grau,
Die Nußschale dort in Lee des Riffs,
Denkt mancher an Mutter und Frau
Und denkt: Ihr Braven! Gleich wart ihr da
Mit dem helfenden, rettenden Boot;
Diesmal ging's gut, denn nichts geschah:
Sei euch und uns der Hafen bald nah!
Doch HINDENBURG *fuhr in den Tod.*

Ich saß bei ihm, zwei Wochen eh'
Sie alle hinabriß der Tod.
Er erzählte von Wracks, von wilder See
Und lobte sein tüchtiges Boot …
Nun ist er hinab mit der Bootsmännerschar,
Halbstock die Flaggen wehn.
Doch solang von Riffen droht Gefahr,
Wie Mahnruf schallt es vom Meere klar:
Laßt nie unser Werk vergehn!

Ersetzt wurde die HINDENBURG (II) durch die KONSUL KLEYENSTÜBER. Im Jahr 1945 wurde das neu gebaute Motorrettungsboot BORKUM auf der Insel stationiert. Dies hatte erstmals einen durch einen Turm geschützten offenen Steuerstand, der eine besonders gute Rundumsicht ermöglichte. Die Aufbauten waren geräumiger, denn durch den großen Aktionsradius des Bootes musste es für den Dauerdienst eingerichtet sein. Durch einen Schlittenkiel konnte das Boot über Untiefen hinweg gleiten, ohne beschädigt zu werden. Durch den stählernen Rumpf und die runde Form hatte das Boot zudem auch gute Fahrteigenschaften im Eis.

15. Im Nebel auf dem Leitdamm gestrandet

Am 4. März 1948 lief der Borkumer Dampfer Kaiser Wilhelm der Reederei AG Ems im Nebel auf den Leitdamm neben der Fischerbalje auf. Die Kaiser Wilhelm war 1897 als Doppelschraubendampfer auf der Werft G. Seebeck, Geestemünde, gebaut worden. Sie konnte 300 Passagiere an Bord nehmen. Der Betreiber der Reede-Gaststätte, Hinni Aikes, alarmierte das Rettungsboot Borkum, welches sofort auslief.

Als die Borkum nach wenigen Minuten den Leitdamm erreichte, hatte die Kaiser Wilhelm schon 15° Schlagseite. Der Dampfer war leck geschlagen, und das Achterschiff war bereits so weit voll gelaufen, dass das Maschinenraumschott zu brechen drohte. Die Folge wäre eine Kesselexplosion mit katastrophalen Folgen gewesen.

Die Borkum ging längsseits und übernahm insgesamt 109 Passagiere mitsamt ihrem Handgepäck, darunter 59 Kinder und drei Besatzungsmitglieder. Das Rettungsboot Juist, das zufällig in der Nähe war, wurde von dem Unfall unterrichtet und lief ebenfalls zur Unfallstelle. Die Juist übernahm etwas Ladung. Als die Borkum wieder am Leitdamm eintraf, hatte sich die Lage des Havaristen weiter verschlechtert. Die Schlagseite hatte zugenommen, und das Wasser im Achterschiff stieg noch immer.

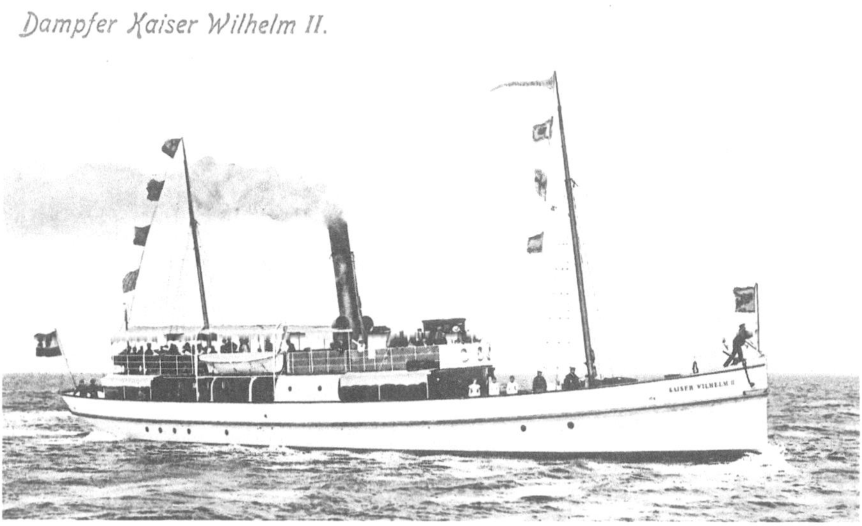

Der Dampfer Kaiser Wilhelm II hieß ab 1942 Kaiser Wilhelm (R.W. Feldmann)

Per Funk wurden im Hafen liegende Schiffe herbeigerufen, um die restliche Fracht des Dampfers zu übernehmen. Das Wetter besserte sich immer noch nicht, und der Nebel behinderte weiterhin stark die Sicht. Der inzwischen eingetroffene Bergungsschlepper TITAN (II) übergab dem Havaristen eine Lenzpumpe. Die BORKUM brachte eine Gruppe Arbeiter der Borkumer Kleinbahn zur Unglücksstelle, damit die Löscharbeiten schneller fortgesetzt werden konnten. Auch das Motorrettungsboot JUIST brachte weitere Männer zur Unfallstelle. Beide Rettungsboote unterstützten die Löscharbeiten mit ihren starken Scheinwerfern. Gegen 21.20 Uhr waren die Rettungsarbeiten abgeschlossen. Die JUIST musste die Schiffe wegen des starken Nebels in den Hafen lotsen. Die BORKUM blieb auf Bitten des Kapitäns die ganze Nacht an der Unfallstelle und stellte die Versorgung mit Licht klar. Die Schlagseite hatte inzwischen 30° erreicht, und die unmittelbare Gefahr des Kenterns bestand. Zudem setzten manchmal die Lenzpumpen aus. Deshalb mussten mit beiden Rettungsbooten neue Pumpen herbeigeschafft werden, die gegen 5.00 Uhr eintrafen. Da das Wasser allmählich anstieg, bestand die Gefahr des Kenterns jetzt nicht mehr. Zwischendurch fuhren BORKUM und JUIST noch andere Einsätze. Gegen 7.00 Uhr wurde der Krabbenkutter ANNA MARGARETA, dessen Kompass unklar war, von der BORKUM in den Hafen gelotst. Um 14.00 Uhr traf das Rettungsboot wieder an der Unfallstelle ein. Die JUIST brachte noch einen Kranken, der eine Blutvergiftung erlitten hatte, von dem Küstenfrachter ARN III in den Hafen, und lief mit weiteren Lenzpumpen zum Havaristen zurück.

Der BORKUM gelang es im Laufe des Nachmittags, eine Schleppverbindung herzustellen und einige Personen dem Schlepper TITAN (II) zu übergeben. Gegen 16.30 Uhr war die KAISER WILHELM wieder flott und konnte von der TITAN (II) abgeschleppt werden. Wegen des Nebels, der sich nur kurz aufgelöst hatte, war ein Einlaufen in den Hafen mit dem Havaristen unmöglich, und der Schleppzug musste in der Fischerbalje vor Anker gehen. Gegen 18.00 Uhr brachte die BORKUM noch 12 Mann, die die Pumpen bedient hatten, an Land. Auch am nächsten Tag ließ der Nebel nicht nach. Um 10.15 Uhr lief die BORKUM zum Schleppzug, um die Besatzungen mit Proviant zu versorgen. Man beschloss, trotz des Nebels den Schleppzug einzulotsen. Noch am selben Abend wurde die KAISER WILHELM im Hafen auf Grund gesetzt, um das Leck abzudichten. [70]

Der erfolgreiche Einsatz ist vor allem der guten Koordination zu verdanken. Die KAISER WILHELM war bis 1952 im Borkum-Dienst eingesetzt und wurde noch im gleichen Jahr auf der Insel abgewrackt.

16. Das Bundesverdienstkreuz für die Borkumer Seenotretter

Eine bemerkenswerte Leistung war die Rettung der Besatzung des englischen Frachters TEESWOOD im November 1951.

Die TEESWOOD war ein typischer kleiner englischer Küstenfrachter und 1915 in Middlesbrough gebaut worden. Seit 1923 gehörte sie der Reederei T. H. Donking, für die sie im Herbst 1951 etwa 1020 Tonnen Erzschlacke von Immingham nach Emden bringen sollte. Schon beim Verlassen des Humber River fuhr die TEESWOOD gegen einen Weststurm an. Die Fahrt über die Nordsee war ungemütlich, verlief aber problemlos. Bei der Ansteuerung der Emsmündung herrschte inzwischen ein schwerer Sturm aus Nordwest. Das Schiff ließ sich nur schwer auf Kurs halten. Der Seegang traf von schräg hinten auf das Schiff, das daher stark rollte. Es bestand die Gefahr, dass die TEESWOOD von dem Sturm auf die nahen Sandbänke gedrückt würde. Durch den ansteigenden Meeresgrund entstehen gefährlich große Wellen, sogenannte Grundseen. Aufgrund des schlechten Wetters lag der Lotsendampfer nicht auf seiner Seeposition im Hubertgatt, sondern im Schutz der Borkumer Reede. Daher musste die TEESWOOD vorerst ohne Lotsen die Einfahrt in die Emsmündung suchen. Um 16.20 Uhr wurde die Hubertgatt-Tonne, die die Einfahrt in die Emsmündung kennzeichnet, erleich-

Dampfer TEESWOOD (www.teesbuiltships.co.uk)

Ein Schiffbrüchiger springt auf das Rettungsboot.
(aus: Fritz Otto Busch „Der Untergang des Dampfers Teeswood“)

tert gesichtet. Auf dem neuen Kurs ließ sich das Schiff immer schlechter steuern, aber Kapitän Crawford hoffte noch den Schutz der Borkumer Reede zu erreichen. Etwa auf Höhe des Außenrandzel-Turmes machte er die Lichter des Lotsendampfers aus, den er an Steuerbordseite passieren wollte. Ein Hagelschauer und die früh hereinbrechende Dunkelheit machten die Orientierung fast unmöglich. Durch die harten Grundseen ließ sich die Teeswood kaum noch manövrieren. Obwohl die Maschinen volle Kraft voraus liefen, machte der Frachter kaum Fahrt über Grund. Daher war das hart backbord liegende Ruder wirkungslos. Das Wetter verschlechterte sich noch weiter, so dass nicht einmal die nahen Borkumer Leuchttürme auszumachen waren. Nur sechs Minuten später wurde die Teeswood krachend auf Grund geworfen. Mehrere harte Schläge folgten, und der Frachter grub sich mit jedem Mal fester in den Sand der Hornsborn-Plate. Der Kapitän ließ sofort die Maschinen stoppen, damit das Schiff sich nicht noch weiter auf den Sand schob. Die Teeswood saß vorne auf Grund, und da sich der hintere Teil noch im Wasser befand, bog sich das Schiff durch. Wegen der schweren Erzschlacke drohten die Eisenplatten des Dampfers durchzubrechen. Der genietete Rumpf wurde auf das äußerste beansprucht. Der Kapitän ließ die Maschine rückwärts laufen, um von der Sandbank freizukommen; die Teeswood geriet dadurch aber immer weiter auf die Sandbank. Die Kräfte des Propellers verstärkten die Gefahr des Durchbrechens zusätzlich, da sich nun eine Mulde unter dem Achterschiff bildete. Daher stoppte der Kapitän kurz darauf die Maschinen; der Erste Offizier funkte um 18.10 Uhr SOS und ließ Seenotraketen abschießen.

Der Notruf wurde von der Seenotstelle Borkum aufgenommen, die sofort Vormann Wilhelm Eilers vom Rettungsboot Borkum alarmierte. Da die Teeswood auseinanderzubrechen drohte, konnte nicht gewartet werden, bis die vollzählige Besatzung komplett erschienen war. Die Borkum lief daher nur mit drei Mann aus und kämpfte sich durch den Sturm zum Havaristen. Der Bergungsschlepper Seefalke war bereits bei der Teeswood eingetroffen, konnte jedoch nicht helfen, da er zu viel Tiefgang hatte. Gegen 19.00 Uhr sichteten die Rettungsmänner Raketen, die weiterhin vom Havaristen aus abgeschossen wurden.

Nach dem ersten gescheiterten Befreiungsversuch bat Kapitän Crawford die beiden Maschinisten nochmals, in die Maschine zu gehen und diese achteraus laufen zu lassen. Um dorthin zu gelangen, mussten sie von der mittschiffs liegenden Brücke über das offene Deck zum achteren Niedergang. Ihnen gelang es, ohne von den schweren Seen über Bord gespült zu werden, den Maschinenraum zu erreichen und die Maschine noch einmal zu starten.

Gegen 19.15 Uhr beobachtete Kapitän Crawford die Eisenplatten auf dem Deck genau, um die Offiziere rechtzeitig warnen zu können, falls das Schiff durchbrechen sollte. Auf einmal gab es einen Knall, und der Kapitän sah an der vom Scheinwerfer des SEEFALKE hell erleuchteten Schiffsseite, dass sein Schiff in zwei Hälften gerissen war. Er schickte sofort einen Matrosen in den Maschinenraum, um die Maschinisten heraufzuholen, bevor es für sie zu spät war. Die Sprechverbindung zum Maschinenraum war schon beim ersten Aufprall zerstört worden. Die Mannschaft sollte sich auf das Vorschiff retten; hierbei mussten die Seeleute über den entstandenen fast einen Meter breiten Riss im Deck springen. Es war unmöglich, mit dem Rettungsboot auch nur für kurze Zeit an der Bordwand des Havaristen festzumachen. Deshalb entschloss sich der Vormann der BORKUM, ständig neue Anläufe zu fahren, in denen er sein Boot für einige Sekunden unter das Vorschiff der TEESWOOD steuerte und sofort wieder abdrehte. In diesen Sekunden bestand für einen der Schiffbrüchigen die Chance, auf das Rettungsboot zu springen.

Die drei Rettungsmänner versuchten bei jedem Anlauf, die Schiffbrüchigen zum Springen zu ermutigen. Kapitän Crawford und seine Mannschaft waren zwar von den waghalsigen Manövern des Rettungsbootes stark beeindruckt, trauten sich aber nicht zu springen. Als Crawford sah, dass niemand es wagte, erklär-

Motorrettungsboot BORKUM am Wrack der TEESWOOD zwei Tage nach dem Untergang (Archiv DGzRS)

te er seinen Männern, dass ihre einzige Chance war, den Versuch zu riskieren, ins Boot zu springen. Irgendeiner musste den Anfang machen. Da sich keiner rührte, fasste er den Entschluss, selber als Erster zu springen. Er landete unsanft an der Außenwand der wieder hochgeworfenen BORKUM und schlug sich an der Reling den Kopf. Schnell wurde er von den Rettungsmännern an Bord gezogen. Aber statt unter Deck zu gehen und sich verarzten zu lassen, blieb er an Deck und forderte seine Männer lautstark auf, auch zu springen. Der Bann war nun gebrochen; immer mehr Männer versuchten, ins Boot zu springen und schafften es auch – weitestgehend unverletzt.

Aber bei einem der Anläufe passierte das, wovor sich alle die ganze Zeit fürchteten: Die BORKUM wurde von einer Grundsee hochgehoben und gegen den Bug der TEESWOOD geworfen. Das Rettungsboot kam jedoch mit der nächsten zurücklaufenden See nicht wieder frei, es hing wie angekettet am Bug des Wracks. Das Steuerbordruderblatt der BORKUM hatte sich an der Ankerkette verfangen. Wieder einmal vergingen für die Retter und für die Schiffbrüchigen bange Augenblicke. Mit einer der nächsten anlaufenden Seen brach das Steuerbordruderblatt, und die BORKUM kam frei. Trotz der eingeschränkten Manövrierfähigkeit mit nur einem Ruder ließ sich Vormann Eilers nicht davon abhalten, weitere Anläufe zu fahren. Durch die auflaufende Flut brachen immer mehr schwere Brecher über die TEESWOOD herein und der Besatzung wurde klar, dass sie, um zu überleben, nur die Chance eines Sprungs hatten.

Nacheinander trauten sich die Schiffbrüchigen zu springen. Nur zwei konnten sich nicht überwinden und wurden schließlich von einer See über Bord gespült. Auf dem Bergungsschlepper SEEFALKE versuchte man vergeblich, die beiden im Scheinwerfer zu behalten. Um 20.45 Uhr war die Rettungsaktion zu Ende, welche die Insulaner von der Borkumer Strandpromenade aus mit verfolgten. [71]

Um 21.35 Uhr machte die BORKUM im Hafen fest. 13 Mann konnten die drei Borkumer diesmal retten, auch wenn sie alle drei selbst verletzt waren. Von den Überlebenden musste nur einer ärztlich versorgt werden. Borkumer Schulkinder sammelten in den folgenden Tagen Spenden für die Geretteten. Das Rettungsboot war stark beschädigt und wurde schließlich 1957 außer Dienst gestellt.

Als die Besatzung der BORKUM zwei Tage später die Strandungsstelle inspizierte, ragten nur noch der Schornstein und zwei Masten aus dem Wasser. Das Wrack lag querab des ehemaligen Restaurants Wilhelmshöhe am Borkumer Weststrand.

Die drei Seenotretter des Motorrettungsbootes B*ORKUM*.
Von links: Freiwilliger Rettungsmann Christopher Müller, Vormann Wilhelm Eilers und Maschinist Folkert B. Meeuw (Archiv Heimatverein)

Als Anerkennung verlieh der damalige Bundespräsident und Schirmherr der DGzRS, Theodor Heuss, den Rettungsmännern Folkert B. Meeuw und Vormann Wilhelm Eilers die goldene und Christopher Müller die silberne Ehrenmedaille der DGzRS. Wilhelm Eilers und Folkert B. Meeuw wurde später auch noch das Bundesverdienstkreuz verliehen. Vom englischen Konsul erhielten alle drei Rettungsmänner eine silberne Zigarrenkiste zur Erinnerung an diese mutige Rettungsfahrt.

Diese Rettungsaktion – nur wenige Jahre nach Kriegsende – hat ihren Teil dazu beigetragen, das Ansehen Deutschlands in der englischen Öffentlichkeit zu verbessern.

17. Gefährliche Decksladung

Neben rätselhaften Schiffsuntergängen wie bei der HINDENBURG (II) gibt es auch viele Schiffsuntergänge, die weitgehend aufgeklärt werden konnten, obwohl es keine Überlebenden gab. Ein Beispiel hierfür ist die IRENE OLDENDORFF. Das erst 1950 gebaute Schiff lief am 30. Dezember 1951 von Emden aus, um 2750 Tonnen Koks nach Ystad in Schweden zu bringen. Von dem Koks waren 450 Tonnen an Deck gestaut. Die Decksladung war mit einem engmaschigen Drahtnetz gesichert. Der Frachter hatte dadurch weniger Freibord als sonst im Winter üblich. Hierfür hatte die Reederei eine Sondergenehmigung der Seeberufsgenossenschaft erhalten mit der Auflage, nur im Küstenbereich zu fahren. Wenn das Schiff die Ostsee erreichen würde und über die offene See nach Schweden fahren müsste, wäre genug Brennstoff verbraucht worden, um wieder genug Freibord zu haben. An Bord befanden sich 21 Mann Besatzung und ein Lotse. Am 31. Dezember 1951 passierte die IRENE OLDENDORFF die Signalstelle Borkum. Zu dieser Zeit herrschte ein Weststurm der Stärke 8-9. Gegen halb vier Uhr morgens passierte das Schiff die Hubertgatt-Tonne und den dort liegenden Lotsendampfer BORKUM. Da es bei dem Seegang zu gefährlich war, auf den Lotsendampfer umzusteigen, entschied sich der Lotse, an Bord zu bleiben. Dies wurde dem Lotsendampfer mit Lichtsignalen gemorst. Dann verschwand die IRENE OLDENDORFF. [72] Am nächsten Vormittag trieben 13 Leichen, am Nachmittag das leere und beschädigte Rettungsboot am Strand an. Die Suche nach Überlebenden blieb ohne Erfolg.

Das Seeamt gab damals ein Gutachten zur Untersuchung des Untergangs der IRENE OLDENDORFF in Auftrag.

Frachter IRENE OLDENDORFF (Deutsches Schiffahrtsmuseum)

Die ehemalige Borkumer Signalstelle an der Süderstraße (Jens Bald)

Zur Aufklärung des Unfalls sind viele Berechnungen und Versuche durchgeführt worden. Das Wrack wurde mehrmals von Tauchern untersucht. Es wurden dabei keine Hinweise auf eine Explosion oder einen Minentreffer gefunden. Jedoch ist kein Funkspruch abgesetzt worden, der Unfall muss sehr schnell geschehen sein. Die Lage des Wracks zeigt, dass das Schiff über Steuerbord gekentert oder mit starker Schlagseite gesunken ist. Die Untersuchungskommission fand heraus, dass sich das Schiff aus zwei Gründen in einer kritischen Lage befand:

Erstens lief das Schiff in schräg von achtern kommendem Seegang, welcher zu besonders heftigen Schiffsbewegungen führte. Zweitens hatte das Schiff Koks an Deck geladen. Koks ist sehr schwer und sollte daher möglichst tief unten im Schiff geladen werden.

Um das Verhalten von Koks als Deckslast zu untersuchen, ist damals ein Modell von einem Decksquerschnitt gebaut worden. Die Versuche haben gezeigt, dass der Koks das überkommende Wasser aufgesogen und nur sehr langsam wieder freigegeben hat. Dadurch wurde die Decksladung schwerer. Hinzu kam noch das zusätzliche Gewicht der Wassermassen, die an Deck geschleudert wurden. Nasser Koks beginnt viel eher zu rutschen als trockener. Durch das somit größere Gewicht der Decksladung könnten die Drähte, welche die Ladung sichern sollten, gerissen sein, so dass die Ladung über Bord gegangen ist.

Wahrscheinlich verrutschte zuerst die Ladung, und das Schiff drohte durch die hereinbrechenden Seen über Steuerbord zu kentern. Die verrutschte Ladung ging über Bord, und das Schiff richtete sich ruckartig wieder auf und rollte zur anderen Seite über und bot nun der See eine noch größere Angriffsfläche. Es kamen noch größere Wassermassen an Bord, die zuerst zum Kentern und schließlich zum Sinken des Schiffes führten. [73]

Man vermutet, dass es einem Teil der Besatzung gelang, ins Beiboot zu kommen, um auf dem Borkumriff zu landen. Die Strahlen des Borkumer Leuchtturms vor Augen versuchten sie vermutlich, den Strand zu erreichen und ließen das Boot treiben. Zu spät merkten die Überlebenden, dass das Borkumriff durch einen breiten Priel vom Borkumer Strand getrennt war. Bei dem Versuch, schwimmend den Strand zu erreichen, wurden sie wahrscheinlich von der Strömung abgetrieben und ertranken.

Im Jahre 1956 wurde das alte Feuerschiff BORKUMRIFF durch einen Neubau ersetzt. Dieses Schiff war das letzte bemannte Feuerschiff Deutschlands. Die in Hamburg ansässige Norderwerft „Köser & Meyer“ konnte bei der Konstruktion des Schiffes auf die Pläne des Feuerschiffes ELBE 1 zurückgreifen, da die Strömungsverhältnisse auf beiden Positionen sehr ähnlich sind. Die Aufbauten sind aus Leichtmetall gebaut worden. Charakteristisch an der BORKUMRIFF ist die extrem hochgezogene Back, das sogenannte „Versaufloch“ direkt hinter ihr, welches dazu dient, über das Schiff hereinbrechende Seen sofort nach außenbords zu führen.

In den ersten Jahren führte das Feuerschiff ein Tochterboot der DGzRS mit, das mit einem Kran ins Wasser gelassen werden konnte. Da dieses Manöver aber große Schwierigkeiten bereitete, wurde es 1959 wieder von Bord genommen. [74]

Durch die Entwicklung der Seenotrettungskreuzer und deren große Aktionsradien sind Rettungsstationen auf Feuerschiffen danach überflüssig geworden.

Stattdessen bekam die DGzRS bald Hilfe aus der Luft. 1964 wurde auf dem Marinestützpunkt Borkum eine Außenstelle der Seenotstaffel der Marineflieger, dem heutigen Marinefliegergeschwader 5 in Kiel-Holtenau, eingerichtet. Es wurden speziell für den SAR-Dienst entwickelte Hubschrauber eingesetzt, wie der H 34 und der 1966 in Dienst gestellte Hubschrauber „Sikorsky S 61 Westland Sea King“, der sich bereits bei mehreren SAR-Diensten weltweit bewährt hatte.

Hubschrauber des MFG 5 Außenstelle Borkum und die Georg Breusing (Archiv DGzRS)

18. Der erste deutsche Seenotrettungskreuzer

Die mittlerweile jahrzehntelange Erfahrung der DGzRS mit Motorrettungsbooten führte Ende der 1950er Jahre zur Entwicklung eines neuen Schiffstyps, dem des Seenotrettungskreuzers. Besonderer Wert wurde dabei auf uneingeschränkte Seetüchtigkeit und hohe Geschwindigkeit gelegt. Für Einsätze in flachen Gewässern sollte ein Tochterboot in einer Heckwanne durch den Aufbau geschützt mitgeführt werden. Durch Herunterklappen der Heckklappe gleitet dieses sofort ins Wasser und ist in Sekundenschnelle einsatzbereit. 1952 wurde dazu das Rettungsboot Bremen umgebaut und ging 1953 erstmals mit Tochterboot auf Probefahrt. Jedoch erreichte sie nur eine Geschwindigkeit von 10 Knoten.

Im Jahr 1955 wurde das Seenotrettungsboot Hermann Apelt mit Tochterboot in Dienst gestellt und erreichte beachtliche 17,5 Knoten. Der erste Seenotrettungskreuzer wurde 1957 von der Werft Fr. Schweers an die DGzRS abgeliefert und unter dem Namen Theodor Heuss in Dienst gestellt. Die Aufbauten sind beim

Seenotrettungskreuzer geschlossen und bieten genug Raum zur Unterbringung und medizinischen Betreuung der Geretteten. Ein Fahrstand im Deckshaus ermöglichte das Steuern des Schiffes bei schwierigsten Wetterverhältnissen. Wenn gute Rundumsicht nötig war und die Wetterbedingungen es zuließen, konnte der Seenotrettungskreuzer von einem zweiten offenen Steuerstand auf dem Aufbau gefahren werden. Der Maschinenraum war vom unteren Fahrstand zu erreichen, ohne über Deck gehen zu müssen. Eine möglichst leichte Bauweise und eine besonders starke Maschinenleistung ermöglichten eine hohe Geschwindigkeit.

Die 23,2 m lange und 20 Knoten schnelle THEODOR HEUSS wurde von drei Hauptmotoren angetrieben, die zusammen 1750 PS leisteten und auf drei Propeller wirkten, wovon die beiden äußeren verstellbar waren. Des Weiteren war der Seenotrettungskreuzer mit Funk, Echolot, Radar, einer Feuerlösch- und einer Fremdlenzeinrichtung ausgerüstet. Dadurch, dass das Kühlwasser in der Außenhaut des Kreuzers mitgeführt wurde, ist das Kühlungssystem verbessert worden. Das 6,5 m lange Tochterboot TEDJE hatte einen Tiefgang von nur 0,6 m. [75]

Der damalige Bundespräsident Theodor Heuss, nach dem der erste deutsche Seenotrettungskreuzer benannt wurde, war als Binnenländer nicht sehr maritim interessiert. Als er ein Modell der THEODOR HEUSS geschenkt bekam, seufzte er in einem Brief: *„Und ich habe doch schon so viel Zeug, das mir überall im Wege steht! Also Dachboden! Der wird eine Schreckenskammer werden!“* [76]

Die THEODOR HEUSS wurde 1957 auf Borkum stationiert, jedoch dort bereits 1963 durch die GEORG BREUSING ersetzt. Ab 1963 lag der erste deutsche Seenotrettungskreuzer in Laboe, wo er bis zu seiner Außerdienststellung 1985 blieb. Danach wurde er mehrmals verkauft, lag lange in Hamburg im Harburger Binnenhafen und danach in Lübeck.

Der Frachter LUCUGA aus Antwerpen befand sich Ende Dezember 1957 auf der Reise vom Kongo nach Hamburg, als er vor Terschelling im Nebel mit einem anderen Schiff kollidierte. Dessen Wulstbug riss ein vier Quadratmeter großes Loch in den Maschinenraum der LUCUGA. Der Kapitän funkte S.O.S. und das niederländische Rettungsboot INSULINDE und die beiden niederländischen Schlepper HOLLAND und ZWARTE ZEE fuhren sofort zum Havaristen. Von Borkum lief der Schlepper SEEFALKE aus. Es bestand jedoch keine unmittelbare Gefahr des Sinkens der LUCUGA, so dass das Rettungsboot abdrehen konnte. Die Reederei entschloss sich, die Ladung des Schiffes auf See zu bergen. Zuerst wurde versucht, das Leck durch Segeltücher abzudichten. Als dies jedoch nicht gelang,

Das Motorrettungsboot BORKUM, *der sogenannte Versuchskreuzer* BREMEN *und der Seenotrettungskreuzer* THEODOR HEUSS *im Borkumer Schutzhafen (Archiv DGzRS)*

wurde beschlossen, das Schiff in die Emsmündung zu schleppen, um es dort auf Grund zu setzen und zu leichtern. Durch den großen Tiefgang des Havaristen musste querab von Borkum auf der Mövensteert-Sandbank geankert werden. Zum Leichtern der Ladung kamen aus Emden Küstenmotorschiffe zur LUCUGA. Auf Borkum wurden ca. 100 Hilfskräfte angeworben. Gearbeitet wurde rund um die Uhr, wobei starker Ostwind die Arbeiten erschwerte. Durch das Bergen der Ladung (vor allem Baumwolle) und das Leerpumpen des Maschinenraums nahm der Tiefgang des Schiffes so weit ab, dass die LUCUGA nach Emden geschleppt werden konnte. Dort wurde der Frachter bei den Nordseewerken repariert und konnte nach vier Monaten wieder auf Reise gehen.

Am 13. Oktober 1967 lief die GEORG BREUSING aus, um dem brennenden niederländischen Schiff MINNE zu Hilfe zu kommen. Bevor sie jedoch den Havaristen erreichte, gab dieser bekannt, dass er das Feuer unter Kontrolle habe. Der Seenotrettungskreuzer war dann gerade auf der Rückfahrt nach Borkum, als Vormann Eilers einen Fischkutter beobachtete, der mit der hohen Brandung des Borkumriffs kämpfte. Norddeich-Radio meldete wenig später, dass dieser Krabbenkutter auf dem Riff gestrandet sei. Er hatte sein eigenes Fischernetz in die Schraube bekommen und war dadurch manövrierunfähig geworden.

Eine Viertelstunde später war die GEORG BREUSING auf Höhe des Havaristen.

Beide Schiffe hatten schwer mit der See zu kämpfen, da an diesem Tag wieder einer der berüchtigten Herbststürme tobte. Das Echolot der GEORG BREUSING lieferte kaum brauchbare Hinweise auf die Wassertiefe, was die Bergung des Fischkutters weiterhin erschwerte. Trotz aller Hindernisse gelang es, eine Wurfleine zu überbringen. Die GEORG BREUSING zog mit an, und der Havarist kam frei. Nur wenige Minuten später hätten die See und der Sturm den Kutter so weit auf das Riff getrieben, dass es unmöglich gewesen wäre, ihn freizuschleppen.

Nach der PRINZ VON PREUSSEN ist dies eines der wenigen Schiffe, die vom Borkumriff wieder freikamen. Die Strandung wäre sicherlich nicht so glimpflich abgelaufen, wenn die GEORG BREUSING nicht durch Zufall in der Nähe gewesen wäre. Jedoch schien es fast, als wäre diese Freude verfrüht. In der Brandung ließ sich der Seenotrettungskreuzer wegen des im Schlepp befindlichen Fischkutters nur sehr schlecht manövrieren. So musste Vormann Eilers mit Hartrudermanö-

Seenotrettungskreuzer THEODOR HEUSS (Archiv DGzRS)

Die ehemalige THEODOR HEUSS im Harburger Binnenhafen (Jens Bald)

vern versuchen, in tieferes Wasser zu kommen.

Dies strapazierte die Wurfleine jedoch auf das Äußerste, bis sie schließlich riss. Sie peitschte gegen das Steuerhaus des Fischkutters, wobei aber niemand verletzt wurde.

Sofort wurde eine zweite Leinenverbindung hergestellt. Diesmal hatte der Havarist mehr Glück. Er kam aus der gefährlichen Nähe des Riffs in tieferes Fahrwasser. Trotz des schlechten Wetters und der tobenden Brandung gelang es, den Kutter sicher in den Borkumer Schutzhafen einzubringen. Zur gleichen Zeit kam auch eine Segelyacht auf dem Leitdamm fest. Das Tochterboot, das dem Havaristen zu Hilfe kommen sollte, musste jetzt unter der zwischen dem Seenotrettungskreuzer und dem Fischkutter gespannten Schlepptrosse hindurch ins Wasser gleiten, was auch gelang.

Die ENGELKE war jetzt in ständiger Gefahr, gleichfalls auf den Leitdamm geworfen zu werden, aber in dieser halsbrecherischen Aktion gelang es dem Maschinisten des Tochterbootes, auf die Yacht zu kommen. Er versuchte mit den Besatzungsmitgliedern, das Leck abzudichten, was sich aber bald als unmöglich herausstellte, da die Seen die Yacht immer wieder auf den steinernden Leitdamm warfen. Um diese überhaupt noch zu retten, musste sie möglichst schnell vom Damm freikommen. Die Rettungsmänner hofften, dass ie Yacht noch genug Auftrieb hatte, um sich so lange halten zu können, bis sie in den nahen Hafen geschleppt werden konnte. Die ENGELKE arbeitete sich nun äußerst vorsichtig an die Yacht heran, um den Maschinisten zu übernehmen, der mit einem mutigen Sprung auf das Tochterboot übersetzte.

Die ENGELKE musste wieder schnell in die Fahrrinne zurück, ansonsten hätte sie an einer der am Leitdamm befindlichen Buhnen aufschlagen können. Das Abschleppen gelang, obwohl sich die Yacht noch so weit auf die Seite legte, dass die Besatzungsmitglieder auf die Bordwand klettern mussten. Wenige Minuten später kam das Tochterboot mit den Geretteten und der Yacht im Schlepp im Borkumer Hafen an. [77]

Ein Beispiel für die gute Zusammenarbeit der DGzRS mit den Hubschraubern der Bundesmarine ist der Seenotfall des niederländischen Küstenmotorschiffes EXODUS. Dieses lief trotz einer Sturmwarnung im Herbst 1967 aus Emden aus. Mit an Bord waren auch die Frau des Kapitäns sowie deren zwei Kinder. Der Schiffsführer wollte versuchen, den Borkumer Schutzhafen anzulaufen, bevor der Sturm seinen Höhepunkt erreichte.

Doch der Sturm frischte weiter auf, die Seen wurden immer gefährlicher, und die Ladung drohte schließlich überzugehen. Dem Kapitän machte besonders die alte Persenning Sorgen, die über den Laderaum gespannt war. Seit Wochen wollte er sie schon gegen eine neue austauschen, war jedoch noch nicht dazu gekommen. Es war auf Küstenmotorschiffen eine schlechte Angewohnheit von Kapitänen, die Ladeluken nicht zu schließen, sondern die Ladung nur mit einer Persenning zu sichern, um so im Hafen kostbare Zeit zu sparen.

Schon bald zeigte sich, dass seine Sorgen nicht unberechtigt waren. Der Sturm fegte unter die Persenning, blähte sie auf, bis sie riss. Der Laderaum mit der schweren Eisenladung lag nun frei. Wenn jetzt mehrere große Seen in ihn hineinschlagen würden, könnte die EXODUS wahrscheinlich innerhalb von wenigen Minuten wie ein Stein sinken. Der Kapitän ließ das Schiff sofort beidrehen und setzte einen Notruf ab.

Norddeich-Radio übermittelte dem Seenotrettungskreuzer Georg Breusing:

„Holländisches Motorschiff Exodus, Rufzeichen PD 2598, in Position 53 Grad 33 Minuten Nord, 06 Grad 57 Minuten Ost, bei Tonne LC ist in Schwierigkeiten. Persenning ist von der Luke gerissen, macht aber kein Wasser. Möchte Frau und Kinder von Bord geben."

Der Seenotrettungskreuzer Georg Breusing lief sofort aus. Durch heftige Regenböen war die Sicht fast Null. Zur Unterstützung des Seenotrettungskreuzers startete trotz der Sturmseen ein Hubschrauber der Bundesmarine. Bei einer solchen Wetterlage würde ein Triebwerksschaden, verursacht etwa durch Salz in den Verdichterschaufeln, fatale Auswirkungen haben. Ebenso gefährlich ist es, wenn im Tiefflug Gischt gegen die Rotorblätter schlägt. Der Hubschrauberbesatzung ist es bei dieser Sicht nahezu unmöglich, den Havaristen zu finden. Es gelang aber schließlich, sich per Funk so weit mit dem Havaristen zu verständigen, dass dieser einen Dauerpeilton sendete, worauf der Hubschrauber eine genaue Peilung nehmen konnte. Die Exodus hatte inzwischen viel Wasser übernommen. Als der Helikopter bei dem Havaristen eintraf, war dieser schutzlos den Brechern ausgeliefert. Bevor der Hubschrauber die Frau und die Kinder von der Exodus abbergen konnte, mussten die Masten gekappt werden, da ansonsten die Gefahr bestanden hätte, dass der Rotor dagegenschlug.

Die Hubschrauberbesatzung ließ eine Rettungsschlinge herunter, die der Kapitän nach mehreren Versuchen auch zu fassen bekam. Er versuchte seine Tochter an dieser Schlinge zu befestigen, hatte dabei jedoch Probleme. Dies bemerkte der Pilot, der daraufhin die Schlinge wieder hochzog, um ein Besatzungsmitglied an Bord des Havaristen abzusetzen. Als der Kapitän sah, dass die Schlinge wieder hochgezogen wurde, wurde er nervös. Er begriff die Situation nicht und meinte, die Rettungsaktion würde aus irgendwelchen Gründen aufgegeben. Das Kind fing an zu weinen. Wütend zerrte der Kapitän an der Schlinge und versuchte noch immer, seiner Tochter die Schlinge umzulegen, obwohl sich diese schon wieder in der Luft befand. Der Pilot riss die Maschine hoch, um so den Vater von seinem Vorhaben abzubringen. Dem Kapitän schienen die Nerven durchzugehen. Dann ging der Hubschrauber wieder tiefer und setzte trotz der heftigen Stampf- und Schlingerbewegungen des Schiffes ein Besatzungsmitglied auf der Exodus ab. Ihm gelang es, dem Kind die Schlinge anzulegen. Das Kind wurde sicher hochgezogen, das andere Kind und die Frau des Kapitäns folgten.

Der Kapitän blieb mit seinem Matrosen an Bord, bis die Georg Breusing eintraf.

Der Seenotrettungskreuzer lotste die EXODUS in den Schutz der Randzel-Sandbank, einer östlich von Borkum gelegenen großen Plate. Der Kapitän konnte nun in Ruhe eine neue Persenning aufziehen und besseres Wetter abwarten. Dankbar entließ er die GEORG BREUSING. [78]

Im Jahr 1969 gab es für die Seenotretter von Borkum und die Schlepper viel Arbeit:

Am 22. Juli 1969 lief der liberianische Erzfrachter DRYAD auf die nordwestlich von Borkum gelegene Geldsack-Plate. Er war auf der Fahrt von Skandinavien nach Emden und hatte 30.000 Tonnen Erz geladen. Bald versuchten bereits vier Schlepper, den Frachter zu befreien. In den nächsten Tagen halfen immer mehr Schlepper, bis schließlich sogar acht, darunter auch die beiden großen Bergungsschlepper OCEANIC und PACIFIC sich bemühten, das Schiff von der Sandbank zu bekommen. Durch geschickte Zusammenarbeit der Schlepper gelang es in der Nacht zum 26. Juli, den Frachter zu befreien. Die DRYAD konnte die Fahrt nach Emden mit eigener Kraft fortsetzen.

Am 3. November 1969 verrutschte dem Ro/Ro Frachter ARCTURUS die aus Ei-

Seenotrettungskreuzer GEORG BREUSING in voller Fahrt (Archiv DGzRS)

senbarren und Stückgut bestehende Ladung. Die Schlagseite betrug 30°, und der Kapitän funkte SOS.

Zur Hilfe kamen dem Frachter das Lotsenstationsschiff KAPITÄN BLEEKER, der Bergungsschlepper DANZIG und die GEORG BREUSING. Der DANZIG gelang es, die ARCTURUS vorsichtig nach Eemshaven zu schleppen. [79]

In einem Sturm 1972 riss sich ein Ponton von einem Schlepper los und trieb auf den Nordstrand der Insel. Er konnte von der Borkumer Schlepperfirma Johann Byl geborgen werden.

In einem Sturm am 18. November 1973 gegen 1.00 Uhr lief die GEORG BREUSING aus, um dem Kümo RHEINTRADER zu Hilfe zu kommen, das zweieinhalb Meilen nordwestlich des Feuerschiffes BORKUMRIFF mit schwerer Schlagseite in der See lag und Mayday gefunkt hatte. Als der Seenotrettungskreuzer jedoch ca. zwei Stunden später beim Havaristen eintraf, wurde vom Lotsendampfer schon der letzte Schiffbrüchige übernommen. Die RHEINTRADER musste aufgegeben werden. [80]

19. Warnungen der Seenotretter ignoriert

Der Jahreswechsel 1975/1976 war ungewöhnlich stürmisch.

Das Küstenmotorschiff CAPELLA der Deutschen Seereederei Rostock (DSR) befand sich Anfang Januar 1976 auf der Fahrt von dem englischen Hafen Runcorn nach Stockholm. Die DSR war die staatliche Seereederei der DDR. Kapitän Hans-Hermann Diestel war Mitarbeiter der Seefalluntersuchung der DSR. In seinem Buch „Schiffsunfälle der Deutschen Seereederei Rostock“ berichtet er über den Untergang der CAPELLA. Das Schiff hatte kurz vorher einen geplanten Werftaufenthalt und war technisch in gutem Zustand. Es hatte Salz und Futtermittel in Säcken geladen. Durch den zunehmenden Seegang ging ein Teil der Ladung über. Dies wurde durch die glatten Kunststoffsäcke begünstigt.

Am 3. Januar 1976 meldete das Schiff um 8.45 Uhr, dass es Wasser macht und einen Teil der Ladung verloren hätte. Die Leitung der DSR nahm Kontakt mit dem DSR-Schiff NIENBURG auf, das von allen DSR-Schiffen dem Havaristen am nächsten war.

Gegen 10.00 Uhr berichtete der Kapitän der CAPELLA dem Havariestab der Reederei, dass durch eine Havarie der Ruderanlage das Schiff quer zur See läge, eine Luke zerstört und ein Teil der Ladung übergegangen sei. Dadurch hätte das Schiff Schlagseite bekommen, was noch dadurch verschlimmert wurde, dass sich ein Kran losgerissen hätte und sein Ausleger nach außenbords rage.

Es gelang schließlich doch, das Schiff zu drehen und mit dem Bug gegen die See zu legen. Der Wind aus Westnordwest wehte in der Stärke 8-10. Um 12.00 Uhr meldet der Kapitän an die der Reederei, dass das Schiff eine Schlagseite von 15° hätte und nicht selbstständig einen Nothafen anlaufen könne. Er bat darum, von einem DSR-Schiff begleitet zu werden. Das niederländische Rettungsboot CHARLOTT befand sich bei der CAPELLA. Auch der Kapitän der NIENBURG nahm Kontakt zu der CAPELLA auf, um sie zu begleiten.

Kapitän Fünning von der NIENBURG gab später folgendes zu Protokoll:

„Seit 14.55 Uhr Bordzeit bis 15.57 Uhr Bordzeit habe ich laufend mit MS CAPELLA in Verbindung gestanden und Gespräche geführt über die Situation auf MS CAPELLA, über ihr Vorhaben und über die Notwendigkeit, ob ich auf ihn zulaufen soll.

Schlepper DANZIG (Deutsches Schiffahrtsmuseum)

In allen Gesprächen gab mir der Kapitän eindeutig zu verstehen, daß für ihn im Augenblick keine Gefahr besteht, daß das Schiff mit 8.5 Knoten (wir haben aber nachgerechnet, daß er fast 10 Knoten lief) in Richtung Westerems lief und dass es nicht notwendig wäre, daß ich jetzt unmittelbar zu ihm laufe. Nachdem das Gespräch mit dem Generaldirektor geführt wurde (15.57 Uhr bis 16.02 Uhr), habe ich mich dann wieder mit dem Kapitän der Capella in Verbindung gesetzt und habe mich mit ihm über die Anweisung des Generaldirektors verständigt und ihm mitgeteilt, daß ich das Schiff drehen und ebenfalls in Richtung Westerems laufen würde. Der Kapitän der MS Capella bestätigte mir, die Anweisung des Generaldirektors ebenfalls erhalten zu haben. Wir haben vereinbart, daß wir uns westlich der Westeremstonne treffen. Ich habe ausdrücklich gesagt, daß er im tiefen Wasser bleiben möchte, da ich nicht in das flache Wasser laufen kann, was er mir bestätigte. Es hat sich später herausgestellt, daß er das nicht getan hat. Um 16.10 Uhr bekam ich einen Anruf von dem Rettungskreuzer Georg Breusing auf Kanal 16, der die Situation gleichfalls verfolgte und mich bat, dem Kapitän des MS Capella zu sagen, nicht die Westerems anzusteuern. MS Capella soll sich draußen in tiefem Wasser halten. Darauf habe ich sofort die Capella angerufen und die Mitteilung des Seenotrettungskreuzers übermittelt. Ich schlug ihm vor, dieser Nachricht entsprechend zu handeln, ich würde dann zur Capella heranlaufen, dann auf Helgoland zufahren und versuchen unter Helgoland zu ankern, dort würde genügend Schutz sein und ich würde solange bei ihm bleiben, bis weitere notwendige Maßnahmen eingeleitet werden müssen oder MS Capella mich entlassen kann. Damit war der Kapitän der MS Capella nicht einverstanden. Er blieb bei dem Vorhaben die Westerems anzusteuern, obwohl der Seenotrettungskreuzer ausdrücklich betont hat, daß auch er nicht auslaufen kann und in der Nähe der Westeremstonne operieren könne und ich mit meinem großen Schiff dort schon gar nicht operieren kann. Dieses habe ich dem Kapitän des MS Capella in eindeutiger Form gesagt. Trotzdem beharrte der Kapitän der MS Capella auf dem Standpunkt, die Westerems anzulaufen und zu versuchen dort „reinzukommen". Mit der Georg Breusing wurde von 16.45 Uhr bis 17.00 Uhr gesprochen. Unmittelbar danach fand das Gespräch mit der MS Capella statt.

17.10 Uhr bis 17.15 Uhr wurde ein Gespräch mit dem Rettungsboot Borkum (gemeint ist der Seenotrettungskreuzer Georg Breusing) geführt. Dem habe ich mitgeteilt, daß der Kapitän der MS Capella trotzdem die Westerems ansteuert und sich von mir nicht beeinflussen läßt, um das Rettungsboot zu informieren, falls Komplikationen eintreten. In diesem Augenblick erkannte ich, daß etwas schiefgehen mußte, wenn er diesen Kurs beibehält und daß ich versuchen müßte, trotzdem

Küstenmotorschiff Capella *(Deutsches Schiffahrtsmuseum)*

ranzukommen. Das Rettungsboot Borkum *warnte mich dort einzulaufen, da ich dort sowieso nichts machen könne.*

Kurz danach kam um 17.15 Uhr auf Kanal 16 von MS Capella *Seenot. Der Kapitän sagte: „Jetzt habe ich hier einen Seenotfall mit allem Drum und Dran." Um 17.17 Uhr wurde durch uns der Seenotruf bestätigt und die Leitung des Seenotfalls übernommen.*

Um 17.28 Uhr bekam MS Capella *mehr Schlagseite. Der Kapitän teilte mir mit, daß die Vermessungsluke leck geschlagen sei. Wir standen in ständiger Funkspruchverbindung mit MS* Capella*. Auf meine Fragen über die konkrete Situation an Bord, insbesondere nach dem Zustand der Vermessungsluke, bekam ich keine Antwort. Er sagte eben nur, die Schlagseite nimmt zu und die* Capella *nimmt Wasser, aber nicht wie viel und wie schwer. Ich habe auch gefragt, wie es mit der Vermessungsluke wäre: Ist sie offen, daß Wasser einlaufen kann? Keine Antwort auf diese Fragen.*

Wir sind dann mit voller Kraft auf die Unfallstelle zugelaufen. Ich habe mich mit den nautischen Offizieren beraten, ob wir es wagen können, an das Schiff heranzulaufen, denn es stand innerhalb der 20-Meter-Tiefenlinie und dort fangen die schweren Grundseen an. Wir selbst hatten einen Tiefgang von sieben Metern. Ich habe dem Kapitän des MS Capella empfohlen, zu versuchen, sein Schiff gegen die See zu drehen, um die Gefahr der ständigen Wasserübernahme zu verringern. Die Empfehlung hat der Kapitän befolgt. […] Seine Antworten waren immer: Er nimmt mehr Wasser, die Schlagseite nimmt zu, er nimmt mehr Wasser, als er pumpen kann und ich möchte doch so schnell wie möglich kommen. Das haben wir getan.

Zuerst bekamen wir das schwedische Massengutschiff Laidaure in Sicht. Die Sicht war sehr schlecht, so daß ich nicht wußte, ob dieses Schiff MS Capella ist oder nicht. Ich habe dann den Kapitän des MS Capella aufgefordert, rote Raketen zu schießen, so daß wir wußten, daß MS Capella südlich des schwedischen Massengutfrachters steht. Um 17.34 Uhr haben wir das Schiff gesichtet. Seine Lampen brannten, er hat zwei rot gesetzt und seine normalen Positionslichter. Die Decksbeleuchtung hatte er eingeschaltet. Der Abstand war zu dem Zeitpunkt eine halbe Meile. Dann hat er zu mir gesagt, daß elf Mann an Bord sind. Es war offensichtlich, daß das Schiff nicht mehr zu retten war, so daß wir uns nur noch über die Rettung der Besatzung verständigten. Ich habe dem Kapitän vorgeschlagen, das Rettungsboot zu benutzen. Er sagte, daß das nicht ginge, weil der Ausleger des hinteren

Seenotrettungskreuzer Georg Breusing als Museumsschiff im Emder Ratsdelft (Jens Bald)

Krans darüber hängen würde. Auf meine weitere Frage bestätigte er mir, daß Rettungsinseln an Bord sind. Ich schlug vor, daß die gesamte Besatzung in eine Rettungsinsel geht, denn es sei leichter eine Rettungsinsel aufzunehmen als einzeln im Wasser treibende Menschen. Auf diesen Vorschlag ging der Kapitän des MS Capella ein. Ich versuchte dann, von Südosten auf das Schiff zuzulaufen, um die Rettungsinsel aufzunehmen. Als ich das Schiff wieder über UKW rief, war nur ein Matrose am Apparat. Mit dem konnte ich mich überhaupt nicht unterhalten. Der hat weiter nichts gesagt als: „Kommen Sie bloß schnell her, kommen Sie bloß schnell her!" Auf meine Frage, wo der Kapitän wäre, sagte er mir, daß er bei der Luke sein würde. Ich habe gebeten, daß der Kapitän sofort an den Apparat kommt, was aber nicht mehr geschah. Ich habe dann den Matrosen gefragt, ob die Rettungsinsel klar wäre, das wurde mir von dem Matrosen bestätigt. Daraus habe ich geschlossen, daß die Besatzung entsprechend unserer Absprache in eine Rettungsinsel geht und habe mich auf die Übernahme der Rettungsinsel vorbereitet. Weil MS Nienburg unvorstellbar schnell trieb, verlor ich MS Capella aus der Sicht. Als wir uns MS Capella wieder soweit genähert hatten, daß wir das Schiff klar erkennen konnten, habe ich gesehen, daß die Rettungsinsel ca. 50 m ab vom Schiff trieb, aber noch mit dem Schiff durch eine Leine verbunden war. Ich bin dann rangelaufen und versuchte die Insel zu kriegen. In diesem Augenblick drehte mein Schiff natürlich nicht mehr, sondern schoss auf das treibende Schiff zu, so daß ich mit hart Bb. und Voll Voraus mit dem Heck 10 m vom Havaristen freikam und die Rettungsinsel dadurch ungefähr 20 m abblieb, aber, das sah ich, noch Verbindung hatte. Die Leute, die ich an Deck verteilt hatte berichteten mir, sie hätten Stimmen gehört, obwohl mir das etwas unwahrscheinlich erschien. Bei dem Getöse, das da herrschte, kam ich zu der Überzeugung, sie sind in der Rettungsinsel. Wir sind dann einen neuen Anlauf gefahren. In dieser Zeit ist die Rettungsinsel abgetrieben, denn als ich sie sichtete, war sie 200 m vom Havaristen entfernt. Ich bin dann so rangefahren, daß ich Lee machen konnte und hatte die Rettungsinsel auf 10 m Abstand an der Steuerbordseite. Wir konnten mit dem Scheinwerfer voll reinleuchten. Es war niemand in der Insel. Da war mir klar, daß die Leute noch auf dem Wrack sein mußten. Zu dieser Zeit wurde mir gemeldet, daß einer der Ausgucksleute das Aufleuchten von Taschenlampen bemerkt haben will. Darauf bin ich den dritten Anlauf von Südost auf den Havaristen zugelaufen. In einem Abstand von 200 m bis 150 m vom Havaristen entfernt erloschen sämtliche Lichter an Bord von MS Capella. Jetzt war für mich die Gefahr noch größer geworden, da ich nicht mehr erkennen konnte, wo MS Capella lag. Wir sind 100 m weiter gelaufen, haben dort Lee gemacht und dann mit dem Scheinwerfer gesucht. Dabei haben sowohl ich als auch andere Besatzungsmitglieder gesehen, daß 4 bis 5 Mann im Wasser trieben. Wir trieben jedoch so schnell ab, daß wir sie sofort wieder aus der Sicht verloren. Zu diesem Zeitpunkt traf auch der Hubschrauber ein, mit dem wir laufend Kontakt hielten. [...] Ich selbst würde versuchen, zu drehen und nochmals auf die Stelle zulaufen. Wir haben diese Manöver durchgeführt und mit Ausnahme der Positionslichter alle Lampen gelöscht, um im Wasser treibende Lichter besser erkennen zu können. Durch die Gischt gab es jedoch tausende von Lichtpunkten, so daß eine Rettungsleuchte nicht ausgemacht werden konnte. Ich bin überzeugt davon, daß man diese Lichter höchstens auf 20 m bis 30 m Entfernung hätte erkennen können. Auch der Hubschrauber konnte nichts feststellen und der war zeitweise nur 6 m bis 7 m über der Wasseroberfläche.

Die Suche wurde ungefähr noch eine halbe Stunde fortgesetzt. Dann wurde die Gefahr zu groß. Das Schiff steuerte fast nicht mehr. Wir hatten zeitweise Schlagseite bis zu 50°, so daß ich die Suchaktion in diesem Gebiet abbrechen und tieferes Wasser aufsuchen mußte.“

Obwohl die NIENBURG und der Hubschrauber die Suche am nächsten Tag fortsetzten, wurde kein Besatzungsmitglied der CAPELLA gefunden. Das Schiff war auf der Position 58° 38`Nord 06° 13`Ost nahe der niederländischen Küste Schiermonnikoog gesunken.

Die aufwendige und riskante Rettungsaktion von Kapitän Fünning ist leider vergeblich gewesen. Die Verhandlung der Seekammer kam zu dem Ergebnis, dass der Kapitän der MS CAPELLA kein Verschulden am Untergang seines Schiffes hatte. Das Urteil erstaunte viele Fachleute, schließlich hat der Kapitän der CAPELLA den Ratschlag des Vormanns der GEORG BREUSING nicht gefolgt und hat mit Kapitän Fünning getroffene Absprachen nicht eingehalten. [81]

Am Abend des 22. Januars 1976 lief die GEORG BREUSING aus, um dem zypriotischen Frachter DENNIS B. zu Hilfe zu kommen, der drei Seemeilen nordwestlich von Borkum mit Ruderschaden vor Anker lag. Das Schiff hatte gegen 20.30 Uhr Grundberührung. Die GEORG BREUSING kehrte gegen 2.30 Uhr in den Borkumer Schutzhafen zurück, da der schwedische Schlepper POSEIDON beim Havaristen blieb.

Jedoch sendete der Havarist am nächsten Morgen Mayday, worauf die GEORG BREUSING um 8.15 Uhr erneut auslief. Zur selben Zeit startete ein Hubschrauber der SAR-Staffel Borkum der Bundesmarine. Der Besatzung des Helikopters gelang es, gegen 9.19 Uhr alle 14 Besatzungsmitglieder zu retten. Die DENNIS B. war 1951 gebaut worden und befand sich mit einer Ladung Splitt auf der Fahrt von England nach Emden. [82]

20. Ein gefährliches Ausflugsziel

Die Motoryacht ALASIA strandete am 10. September 1978 mit fünf Mann Besatzung – darunter eine Frau – auf dem Hohen Riff nordwestlich von Borkum. Die ALASIA war 1954 bei der Lürssen Werft in Bremen Vegesack als Torpedoboot für die schwedische Marine gebaut und später an einen Griechen verkauft worden, der es in Griechenland zu einer Yacht umbauen wollte. Die 1100 PS starken Maschinen wurden jedoch schon vorher durch 320 PS starke Motoren ersetzt. Bei der Überführungsfahrt strandete die ALASIA auf dem Hohen Riff vor Borkum. Zu der Strandung kam es, als der Schiffsführer nachts durch die vielen Lichter der Insel irritiert wurde und die Orientierung verlor. Der stürmische Wind, der in dieser Nacht herrschte, sowie 3-4 m hohe Wellen gaben der ALASIA keine Chance, aus eigener Kraft freizukommen. Durch abgeschossene Notraketen wurde ein Hubschrauber der Bundesmarine alarmiert, dem es auch trotz der schlechten Wetterlage gelang, die gesamte Besatzung abzubergen. Das Schiff blieb bei der Strandung unbeschädigt. Deswegen versuchte ein Borkumer Bergungsunternehmen, die ALASIA zu bergen. Um das Schiff freischleppen zu können, musste eine künstliche Fahrrinne gebaggert werden. Doch niemand wollte hierfür die Kosten übernehmen. In den Wochen und Monaten nach der Strandung wurde die ALASIA dann ein beliebtes, aber leider auch sehr gefährliches „Ausflugsziel“ für Insulaner und Touristen. Eine Segelyacht, die versuchte, bei stürmischem Wetter an das Wrack heranzukommen, wurde von den Wellen gepackt und bis zur Borkumer Strandmauer auf Höhe des Wellenbades mitgerissen, wo sie zerschellte.

Im November desselben Jahres versuchte der Eigner mit einem Helfer, in einem Schlauchboot an das Wrack heranzugelangen, um teure Geräte zu bergen. Von der Promenade aus konnte man beobachten, wie das Schlauchboot immer weiter abtrieb.

Über Norddeich-Radio wurde die Schifffahrt aufgefordert, nach dem Boot Ausschau zu halten. Dies war jedoch sehr schwer, da in diesen Tagen Nebel herrschte. Nach vier Tagen wurden die beiden Bootsfahrer von einem Fischkutter vor Amrum gesichtet und in den Hafen der Insel gebracht. In der Zeit hatten die beiden 250 Seemeilen ohne Nahrung und Flüssigkeit zurückgelegt. Die Suche war von ihrem Hotel ausgelöst worden, weil sie dort zwei Tage nicht zum Essen erschienen waren. Nun fühlte sich niemand mehr für das Wrack verantwortlich. Da dieses eine Gefahr für die Umwelt darstellte – das Hohe Riff ist ein Seehundschutzgebiet – wurden 1979 die Brennstoffreste abgepumpt. Das Wrack verschwand im Januar 1981 während eines Orkans zwischen den Sandbänken in einem Priel. Gefunden wurden lediglich ein Rettungsring und beide Schiffspropeller. Sie waren auf einer Wiese hinter der Nordseeklinik an der Bubertstraße auf Borkum ausgestellt. [83]

Durch den Zulauf, den der Wassersport in den letzten Jahren erlebte, vermehren sich die Unfälle mit Yachten. Auch erfahrene Kapitäne scheitern häufig an den tückischen Riffs. So auch ein Skipper aus dem dänischen Aalborg mit seiner Segelyacht Celina. Er segelte seit seinem siebten Lebensjahr, hatte die 10,5 m lange Yacht selbst überholt und ausgerüstet. Er wollte sich einen Traum erfüllen und mit ihr ins Mittelmeer segeln.

Am 25. Mai 1985 fuhr das Ausflugsschiff Stadt Borkum der A.G. Ems zu den Seehundsbänken vor der Insel. Der Steuermann hielt gegen Mittag Ausschau nach Seehunden auf dem Hohen Riff, um zu sehen, ob sie ihren Passagieren auch genügend Robben zeigen konnten. Erst bei näherem Hingucken bemerkte der Steuermann, dass eine Yacht auf dem Riff festsaß. Um 13.03 Uhr meldete die Stadt Borkum die gestrandete Yacht und „zwei Mann in den Wanten hängend". Zwei Minuten später lief der Seenotrettungskreuzer Georg Breusing aus.

Die Propeller der Alasia waren lange Zeit an der Bubertstraße aufgestellt (Jens Bald)

Das Tochterboot ENGELKE UP DE MUER wurde ausgesetzt, um möglichst nah an die Yacht zu gelangen. Die See war aber zu schwer für die ENGELKE, sie erlitt einen Kupplungsschaden und musste in Luv geschleppt werden. Trotzdem gelang es den Rettungsmännern, den 44 jährigen Skipper abzubergen. Der gemeldete zweite Mann stellte sich als Sack heraus. Aber wie kam es zu dem Unfall?

Als die CELINA das Borkumriff passieren wollte, war der Seegang zwar sehr hart, die Sicht trotz des bedeckten Himmels gut. Der Wind blies aus Südwest mit Stärke 4-5. Die Yacht riss sich an einem im Wasser treibenden Container den Rumpf 4-5 m weit auf und wurde durch sehr starken Wassereinbruch immer vorlastiger, bis sie auf dem Hohen Riff festkam.

Ein Beispiel für die gute grenzübergreifende Zusammenarbeit der Rettungsdienste zeigt folgender Bericht des Vormanns der GEORG BREUSING vom 3. August 1986:

„Wir hatten gerade eine schwedische Segelyacht in den Borkumer Schutzhafen eingeschleppt, als uns der Lotsendampfer KAPITÄN BLEEKER über UKW rief und uns mitteilte, daß man soeben (21.55 Uhr) vom Riffgat aus in Richtung Hubertgat Tonne H/8 zwei rote Raketen gesichtet habe. Wir laufen sofort aus. Während wir aus dem Hafen in die Fischerbalje drehen, sichten wir selbst eine Rakete in westlicher Richtung: Zwei Leuchtkugeln von nur kurzer Brenndauer lassen es aber nicht zu, daß wir eine Peilung nehmen können.

Der Lotsendampfer übermittelt uns die Peilung ... von Tonne Westerems 5 in Richtung 170 Grad, die in Richtung Rottumerplaat führte. Wir laufen daher in das Hubertgat und beginnen die Nordkante der Insel abzusuchen. Währenddessen erfahren wir vom Tower (der für den auf Borkum stationierten SAR-Hubschrauber zuständig ist), daß die Borkumer Polizei dort einen Katamaran-Segler als vermißt gemeldet habe. Gleichzeitig übermittelt uns der Tower, daß eine Unterstützung unserer Suche durch den Hubschrauber nicht möglich sei wegen der äußerst schweren Gewitter.

22.40 Uhr sichteten wir zwischen heftigen Regenfällen ganz kurz den Widerschein einer Handfackel. Genaue Peilung ist nicht möglich, da der Schein achteraus liegt und gleich wieder verschwindet. Wir laufen zur Ostspitze der Insel, um eventuell mit dem Tochterboot zwischen Rottumeroog und Rottumerplaat durchzugehen.

Da die Kustwacht Schiermonnikoog in der Zwischenzeit zwei Schlauchboote (SEAHORSE und SEARIDER) der in Eemshaven liegenden privaten R.O.F. (Redding

Ondersteunings Flottielje / Rettungsunterstützungsflottille) alarmiert hat, informieren wir sie, daß der Seenotfall hinter der Insel liegen müsse. Es wurde vereinbart, daß die Schlauchboote über die Raa auf das holländische Watt gehen sollten, da wir dann auch bessere Peilungsmöglichkeiten hätten und die Boote wegen des geringen Tiefgangs dort gut operieren könnten.

23.05 Uhr hat es für längere Zeit aufgeklart. Wir sichten eine rote Leuchtkugel. Es gelingt uns, eine gute Peilung zu nehmen. Nun können wir einen Ort machen (den Standort des Havaristen bestimmen). Der liegt ungefähr 4 Seemeilen südlich von Rottumeroog im Boschgat oder im Nebenfahrwasser Zuid-Oost-Lauwers. Wir laufen jetzt nach Westen, um im Bedarfsfall über das Lauwers in Richtung der Notfallposition zu gehen. Die Schlauchboote wollen in ca. 30 Minuten dort sein, wenn sie die Einfahrt in das holländische Watt finden. Die Gewitter sind wieder sehr heftig. Regengebiete von 16 Seemeilen Durchmesser folgen dicht aufeinander.

Die Schlauchboote teilen uns mit, daß sie die Einfahrt ins Watt nicht finden können. Nördlich der Insel ins Lauwers wollen sie uns folgen. Die Kustwacht warnt uns vor unserem Vorhaben, ins Lauwers zu gehen. Es ist sehr schwierig durchzuführen, da wir ausschließlich mit Kompaß und Echolot navigierend ins holländische Watt laufen. Unterstützt werden wir von der Kustwacht, die uns in unterschiedlichen Abständen mit Radar peilt und auch die Schlauchboote in unsere Richtung lotst.

An der Tonne L/6 treffen wir uns und laufen gemeinsam zur Tonne B/8. Dort legen wir die GEORG BREUSING *auf 3 Meter Wasser zu Anker. Von den Schlauchbooten kam je ein Besatzungsmitglied zu uns an Bord und wir legen das weitere Vorgehen fest, nachdem wir auf dem Radarschirm die Lage klären konnten. Unter der Radarführung des Seenotrettungskreuzers wird die Suche erneut aufgenommen. Es ist 1.55 Uhr.*

Das erste Objekt, zu dem die Boote geleitet werden, stellt sich als eine Fahrwasser-Tonne heraus, die in keiner Seekarte zu finden ist. Während die Boote das nächste Objekt ansteuern, sichten wir achteraus eine Leuchtkugel. Wir richten sofort den Turmscheinwerfer in die Peilung und informieren die Schlauchboote. Sie fahren daraufhin in unserem Scheinwerferstrahl. Um 2.28 Uhr findet SEARIDER *den havarierten Katamaran. Wir geben unverzüglich Info an Kustwacht Schiermonnikoog, Borkum-Tower und Norddeich-Radio.*

2.50 Uhr setzen wir den Katamaran auf unser Vordeck. Der Schiffbrüchige wird mit trockener Kleidung versorgt. 3.40 Uhr Anker auf. Um 6.00 sind wir wieder im Borkumer Hafen fest.“ [84]

Hinterher stellte sich noch heraus, dass es eine Rettung in letzter Minute war, da die Leuchtkugel, die die GEORG BREUSING sichtete, die letzte war. Der Gerettete bedankte sich mit einer großzügigen Spende an die DGzRS für seine Rettung.

Im August 1987 rettete die GEORG BREUSING neben sechs Menschen auch einem Schäferhund das Leben.

Bei Windstärke 4 erlitt der Motorkutter CASTOR einen Maschinenschaden. Manövrierunfähig trieb die CASTOR nun auf den Südstrand in Nähe des Elektrischen Leuchtturms zu. Der Skipper setzte sofort einen Funkspruch ab, und um 23.00 Uhr lief die GEORG BREUSING aus.

Sie erreichte nach kurzer Zeit den Havaristen. Zur Abbergung der Personen musste die ENGELKE ausgesetzt werden, und genau in demselben Augenblick krachte die CASTOR auf eine Buhne und schlug leck. Das Heck der CASTOR sank schnell, so dass die ENGELKE die inzwischen hergestellte Schleppverbindung wieder kappen musste.

Die Schiffbrüchigen drängten sich mit ihrem Schäferhund auf dem Vorschiff zusammen. Als die See das Deckshaus zu umspülen begann, sprangen die Schiffbrüchigen ins Wasser. Die Rettungsmänner warfen ihnen sofort Rettungswesten und Leinen zu und zogen sie zur geöffneten Heckwanne, von der die erschöpften Schiffbrüchigen an Bord kletterten. Kurz nach Mitternacht machte die GEORG BREUSING wieder im Hafen fest.

Fahrgastschiff WAPPEN VON BORKUM (ex STADT BORKUM) (Jens Bald)

Die CASTOR musste aufgegeben werden. Die Wassereinbrüche waren so stark, dass das Boot innerhalb kürzester Zeit sank. [85]

Bis zu seiner Außerdienststellung 1988 rettete die Mannschaft des Seenotrettungskreuzers GEORG BREUSING 1672 Menschenleben. Das Schiff liegt heute als Museumsschiff im Emder Ratsdelft.

21. Ein Seenotrettungskreuzer in Seenot

Die GEORG BREUSING wurde 1988 durch den neuen Seenotrettungskreuzer ALFRIED KRUPP ersetzt. Von den Baukosten in Höhe von 9 Millionen sponserte 5 Millionen DM die „Alfried Krupp von Bohlen und Halbach-Stiftung". Die ALFRIED KRUPP und das Tochterboot GLÜCKAUF sind selbstaufrichtend konstruiert.

Am Abend des Neujahrstages 1995 lief sie mit vier Mann Besatzung aus, um einen niederländischen Rettungsmann zu suchen. Dieser war im Sturm von

Seenotrettungskreuzer ALFRIED KRUPP mit Tochterboot GLÜCKAUF vor dem Umbau (Archiv DGzRS)

Anna Dorothea, ein Rettungsboot der niederländischen Rettungsgesellschaft KNRM (Jens Bald)

einem niederländischen Rettungsboot über Bord gespült worden. Nach zweieinhalb Stunden wurde der Rettungsmann jedoch von einem niederländischen Hubschrauber entdeckt und gerettet. Dass er so lange in der eiskalten See überlebte, hatte er nur seinem Thermoanzug zu verdanken, der mit einem Blitzlicht ausgestattet war.

So war die Suche erfolgreich beendet, und die Alfried Krupp nahm wieder Kurs auf den Borkumer Hafen. Der Wind erreichte jetzt Orkanstärke. Der Vormann steuerte den Kreuzer vom oberen Fahrstand aus und war wie immer bei schwerer See mit einem Sicherheitsgurt angeleint. Zwei Rettungsmänner befanden sich unter Deck, als gegen 22.15 Uhr ca. 15,5 Seemeilen westlich von Borkum mehrere gewaltige Grundseen über die Alfried Krupp hereinbrachen. Der Kreuzer kenterte sofort durch, wobei der Mast gegen den Meeresgrund schlug und sich Teile der Ausrüstung losrissen. Ein Rettungsmann, der gerade auf dem Weg vom oberen Fahrstand zum Maschinenraum war und daher seinen Sicherheitsgurt gelöst hatte, wurde von Bord gerissen.

Die Antriebsmaschinen stellten sich wegen Überdrehzahl und zu geringem Öldruck automatisch ab. Somit war der Seenotrettungskreuzer manövrierun-

Seenotrettungskreuzer ALFRIED KRUPP *nach dem Umbau 1995 (Archiv DGzRS)*

fähig. Den Rettungsmännern gelang es noch, einen Notruf abzusetzen, bevor Wasser, das durch zwei zerstörte Fenster eindrang, die gesamte Elektronik lahm legte. Sofort schossen die Rettungsmänner Notsignale ab, die an Land gesichtet wurden. Dadurch wurde von RCC Ijmuiden in den Niederlanden und MRCC Bremen eine große Suchaktion eingeleitet. Um 23.50 Uhr sichtete ein Hubschrauber der Bundesmarine die havarierte ALFRIED KRUPP. Ein niederländisches Rettungsboot lief zusätzlich zum Unglücksort. Der Seenotrettungskreuzer rollte in dem schweren Seegang heftig und holte bis zu 100 Grad über. Zehn Abbergungsversuche des Hubschraubers schlugen deswegen fehl. Es gelang dem Vormann nicht, das herabgelassene Windenseil zu fassen.

Die drei Rettungsmänner versuchten jetzt wieder, in den sicheren Aufbau zu gelangen. Dabei wurde der Vormann von einer See erfasst und von Bord gerissen. Er verschwand sofort zwischen den Wellen. Dem Norderneyer Seenotrettungskreuzer OTTO SCHÜLKE gelang es schließlich, eine Leinenverbindung herzustellen. Während die ALFRIED KRUPP abgeschleppt wurde, stieg ein niederländischer Rettungsmann an Bord und musste feststellen, dass weder der Maschinist noch der Vormann an Bord waren. Ein Arzt kam an Bord und versorgte die beiden Überlebenden, von denen einer eine Gehirnerschütterung und der andere einen komplizierten Unterschenkelbruch erlitten hatten. Die Otto Schülke schleppte die Alfried Krupp dann nach Eemshaven, wo die Verletzten ins Krankenhaus eingeliefert wurden.

Noch bis in die Abendstunden des 4. Januars wurde vergeblich nach den zwei Vermissten gesucht. An der Suche waren beteiligt: Verschiedene Hubschrauber der niederländischen und deutschen Marine, Einheiten des Bundesgrenzschutzes, mehrere niederländische Behördenschiffe und Seenotrettungsboote, ein Tonnenleger, ein Zollboot, das deutsche Ölbekämpfungsschiff Mellum, die Seenotrettungskreuzer Hannes Glogner, Otto Schülke, Wilhelm Kaisen und das Seenotrettungsboot Juist der DGzRS und viele Fischer aus Neuharlingersiel. Die Leiche eines Besatzungsmitgliedes wurde bald am Juister Strand von Schülern aufgefunden, viel später gab die Nordsee ihr zweites Opfer her. So tragisch das Unglück auch war, es ist wieder ein Beweis der hervorragenden Zusammenarbeit der DGzRS mit der KNRM (Koninklijke Nederlandse Redding Matschaapij).

Durch die unterschiedlichen Bootstypen ergänzen sich die beiden Rettungsgesellschaften optimal. Die Mannschaften der Boote sind miteinander befreundet und besuchen sich auch gegenseitig, was den Erfahrungsaustausch und die Zusammenarbeit noch begünstigt.

Die Alfried Krupp war zwar schwer beschädigt, hatte das Durchkentern aber noch verhältnismäßig gut überstanden; schließlich war der Rumpf nur leicht beschädigt worden und schwimmfähig geblieben. Bei einem sechsmonatigen Werftaufenthalt wurden die Schäden im Wert von 1,5 Millionen DM behoben, und der Seenotrettungskreuzer sogleich wieder auf den neuesten Stand der Technik gebracht. So wurde wie bei der Adolph Bermpohl, die 1967 einem sehr ähnlichen Unfall zum Opfer fiel, der obere Fahrstand überdacht. Der Maschinenraum ist jetzt zu erreichen, ohne die Aufbauten zu verlassen. Da es keinen unteren Fahrstand mehr gibt, ist das Bordhospital geräumiger geworden. Ein kleines Fahrpult befindet sich noch außerhalb, falls man bei einem Einsatz auf optische oder akustische Signale angewiesen ist. Um die Alfried Krupp kursstabiler zu machen, wurde das Heck verbreitert und im Unterwasserbereich V-förmiger gestaltet, was auch zusätzlich die Geschwindigkeit erhöht hat. Die Kosten für den Werftaufenthalt übernahm die „Alfried Krupp von Bohlen und Halbach-Stiftung“. Am 22. Juni 1995 konnte die Alfried Krupp wieder nach Borkum zurückkehren. [86]

22. Kollision trotz guter Sicht

In der Nacht vom 10. zum 11. Juni 2004 kam es trotz guter Sicht auf der Außenems zu einer Kollision zwischen dem niederländischen Fischkutter Grietje Bos und dem deutschen Krabbenkutter Gretje aus Greetsiel.

Dabei kenterte die Gretje und sank zwei Stunden später. Zwei Besatzungsmitglieder konnten gerettet werden, der Kapitän wurde drei Tage später tot aus dem Kutter geborgen.

Der Schiffsführer des niederländischen Fischkutters war in dieser Nacht allein auf der Brücke. Die Fangreise war beendet, und die Grietje Bos lief zurück nach Eemshaven. Versehentlich waren die Decksbeleuchtung und die Fischereibeleuchtung noch eingeschaltet. Das Radar war so eingestellt, dass es Echos des Seegangs unterdrückte. Dabei wurden allerdings auch Echos auf kurzer Distanz nicht angezeigt. Plötzlich sah der Kapitän den deutschen Krabbenkutter vor sich, nur wenige Sekunden danach kam es zur Kollision.

Der niederländische Kapitän rief sofort seine Besatzung an Deck, um mit einem Scheinwerfer nach Schiffbrüchigen Ausschau zu halten. Als sie bemerkten, dass der gerammte Kutter wegzusacken begann, versuchten sie vergeblich, eine Stahltrosse an dem Havaristen zu befestigen. Das zur Hilfe kommende deutsche Lotsenstationsschiff Kapitän Bleeker setzte einen Lotsentender aus, um zwei Leute auf den Kutter überzusetzen. Sie befestigten eine Trosse am Bug des Havaristen, der schon achtern zu sinken begann. Da das Heck immer weiter sank, kam das Vorschiff höher aus dem Wasser, so dass es schließlich zwei Besatzungsmitgliedern gelang, sich aus dem Vorschiff zu befreien. Als die Luft aus dem Havaristen entwich, konnte die Winde die Gretje nicht mehr halten. Die inzwischen eingetroffenen Taucher untersuchten das mittlerweile auf dem Grund liegenden Wrack, fanden jedoch niemanden.

Die Gretje hatte zum Zeitpunkt des Unglücks die Netze ausgebracht. Der Decksmann sagte aus, dass er mit dem Lehrling unten im Vorschiff gewesen war. Das Hupen ihres Schiffsführers haben beide als Aufforderung zum Aufstehen und zur Verrichtung der Decksarbeiten verstanden. Als sie auf dem Weg nach oben waren, fand der Aufprall statt. Das Schiff kenterte, und beide Fischer waren ungefähr anderthalb Stunden in einer Luftblase eingeschlossen. Erst als sich das Schiff nochmals bewegte, kam Licht durch ein Bullauge, so dass sie die Tür finden konnten.

Der Lehrling versuchte als erster hinauszutauchen. Als dieser nicht zurückkam, machte der Decksmann das Gleiche und gelangte so ins Freie.

Der Kutter trieb gut zwei Stunden, bis über die Lüfter so viel Wasser eingedrungen war, dass er sank.

Zum Zeitpunkt des Unfalls konnte der niederländische Kapitän den deutschen Krabbenkutter nicht sehen. Durch die niedrige Bauart seiner Schiffsbrücke war die Sicht nach voraus sehr eingeschränkt. Hinzu kam, dass ihn die angeschaltete Decksbeleuchtung blendete. Die Gretje hätte jedoch auf dem Radar des niederländischen Fischkutters wahrgenommen werden müssen. Das Gericht kam zu einem milden Urteil: Der Kapitän wurde zu zwei Jahren Gefängnis auf Bewährung verurteilt und musste 4.500 Euro Geldstrafe zahlen. [87]

23. Leichtsinn kann tödlich sein

Die in den letzten Jahrzehnten gestiegene Begeisterung für den Yachtsport hat auch in der Emsmündung zu einem Anstieg der Freizeitschiffer geführt. So mancher träumt auf einem Baggersee von einer Weltumseglung, hat aber nicht die Zeit und die finanziellen Möglichkeiten, durch größere Segeltörns Erfahrungen zu sammeln. Daher sind schon viele Träume an den nüchternen Naturgewalten der See gescheitert. Ein gutes Beispiel hierfür ist der Untergang der Segelyacht Madame Pele im August 2004. Die Yacht war 1918 in Norwegen gebaut worden. Der Eigner war zwar im Besitz des Sportküsten-Schifferscheins, hatte aber kaum Segelpraxis, die über die für den Erwerb des Scheines notwendigen Prüfungstörns hinausging.

Daher bemühte er sich um einen erfahrenen Mitsegler für die Überführungsfahrt nach Emden, wurde aber nicht fündig. Auch in Internetforen suchte er sachkundigen Rat für seinen bevorstehenden Törn. Dabei hatte er die Yacht als sein „Geldgrab" bezeichnet. Es begleitete ihn dann auf dem bevorstehenden Törn nur eine Mitseglerin, die allerdings keinerlei Segelerfahrung hatte. Am 18. August lief die Madame Pele aus Kappeln an der Ostsee aus, obwohl sie in einigen Punkten nicht den gängigen Vorschriften entsprach. Am 26. August 2004 um 8.45 Uhr verließ sie den Hafen von Norderney. Die Yacht wurde nördlich des Juister Riffs noch einmal von der Segelyacht Sommerwind gesichtet. Danach hat sich die Yacht nie wieder gemeldet, sie hat auch keinen Notruf gesendet.

Drei Tage später sichtete ein Wasserschutzpolizeiboot den aus dem Wasser ragenden Großmast der MADAME PELE. Bei der daraufhin eingeleiteten Suchaktion fand ein Hubschrauber die Leiche des Schiffsführers. Er hatte Ölzeug an und eine aufgeblasene Rettungsweste um. Erst am 8. September wurde auch die Leiche der Mitseglerin gefunden. Sie ist anscheinend von dem Unglück überrascht worden, da sie weder Ölzeug noch Rettungsweste trug. Die Obduktion beider Leichen ergab, dass beide ertrunken sind.

Ein Zeuge, der die beiden vor dem Unglück beobachtet hatte, sagte später bei der Seeamtsverhandlung aus, dass der Schiffsführer mit der Yacht überfordert gewesen sei und schon bei einer geringen Windstärke bei Fahrt mit dem Motor nicht in der Lage war, mit dem Schiff umzugehen. Ein weiterer Zeuge gab an, dass die Überführung der MADAME PELE unter zeitlichem Druck stand.

Die Bundesstelle für Seeunfalluntersuchung rekonstruierte den Fahrtverlauf der Yacht anhand der Auswertung von Radarbildern. Auf der Fahrt von Norderney in die Emsmündung herrschte ein nordwestlicher Wind der Stärke 6-8. Wahrscheinlich ist durch den Seegang Wasser in das Cockpit gelangt, was zu einem Ausfall der Bordelektronik geführt hat. Der Motor konnte anscheinend mangels Brennstoff nicht mehr betrieben werden, denn für die ganze Strecke von Cuxhaven nach Emden hatte der Eigner nur 15 Liter Diesel an Bord. Durch Spritzwasser lief die MADAME PELE allmählich voll. Sie kam nicht gegen das eindringende Wasser an. In dieser Situation auch noch die Segel zu bedienen, war für den Eigner wahrscheinlich unmöglich. Schon bei ruhiger See ist eine Person eigentlich zu wenig. So trieb die Yacht immer weiter, bis sie auf Grund stieß und sank. [88]

24. Ein Küstenmotorschiff wird zum Fotomodell

Insulaner und Stammgäste werden sich daran erinnern, dass im Februar 2011 der Nordstrand vor der Promenade voller Menschen war. Dies ist für diese Jahreszeit recht ungewöhnlich. Der Grund hierfür war eine besondere Attraktion, die so allerdings niemand geplant hatte.

Das in Emden beheimatete Küstenmotorschiff NORDLAND 1 strandete am 3. Februar 2011 auf dem Nordbadestrand in der Nähe der Wandelhalle. Das 49 Jahre alte Schiff mit einer Tragfähigkeit von 330 Tonnen war bei der Anlieferung von Baumaterial für den Promenadenbau auf Grund gelaufen, nachdem Versuche zu ankern missglückt waren. Durch das darauf folgende stürmische und besonders hoch auflaufende Hochwasser wurde das Schiff auf eine Buhne gedrückt.

Die NORDLAND 1 war 1962 auf der Martin Jansen Schiffswerft in Leer gebaute worden. Das 42 m lange und 7,5 m breite Schiff hatte eine Antriebsleistung von 300 PS. Der Tiefgang betrug 2,4 m.

Die Versicherung des Eigentümers beauftragte die Bergungsfirma Planeta Impex mit der Entsorgung des Havaristen. Mitarbeiter des Unternehmens untersuchten mit Hilfe von Computerberechnungen, ob es möglich wäre, das 200 Tonnen schwere Schiff vom Strand zu ziehen. Alternativ könnte es vor Ort in 40-50 Sektionen zerschnitten werden. Diese hätten dann mit einem Ponton zum Festland geschleppt und dort verschrottet werden können. Am 14. März sollte mit diesen Arbeiten begonnen werden, denn der Plan den Frachter vom Strand zu ziehen wurde aus versicherungstechnischen Gründen verworfen. Obwohl das Schiff nur an der Ruderanlage beschädigt war, wurden Risiken für die Umwelt befürchtet. Der Schaden an dem Schiff wurde auf 70 - 80.000 € geschätzt. Die zusätzlichen Kosten für das Zerlegen des Schiffes und den Abtransport der Teile von 100.000 bis 150.000 € würden die Bergung unwirtschaftlich machen. Wenige Tage später ging man daher von dem Vorhaben ab und begann mit den Vorbereitungen, um das Schiff vom Strand zu ziehen. Da nicht klar war, ob das Schiff noch schwimmfähig war, wurde vom Versicherer eine Wrack Versicherung benötigt. Diese sollte den Fall abdecken, dass das Schiff sinken und ein Schifffahrtshindernis darstellen oder eine sonstige Gefahr für die Umwelt werden könnte. Ein Baukran der Baustelle an der Promenade sollte dabei helfen, das Schiff von der Buhne weg zu ziehen. Die dänische Bergungsreederei J. A. Rederiet legte ein Konzept vor, das

Die 2011 vor der Promenade gestrandete Nordland *(Familie Wolf)*

NORDLAND I

Schiff mit ihrem Schiff Susanna A (einer umgebauten Fähre) zu bergen. Die Planeta Impex fand dieses Konzept überzeugend und beauftragte das Unternehmen am 17. März mit der Bergung.

Am 22. März wurde mit der Bergung der Nordland 1 begonnen. Die Susanna A hatte zunächst Probleme, ihre Anker so auf dem Grund zu verankern, dass diese den enormen Zugkräften, die während des Schleppens entstehen, standhalten würden. Der Boden war dafür aber zunächst ungeeignet. Die Susanna A hatte eine 15 Tonnen schwere Stahltrosse, deren Zugkraft bei 1000 Tonnen lag, am Frachter festgemacht. Das Gewicht des Havaristen wurde auf rund 200 Tonnen geschätzt. Anfangs hatten die Berger das Mittagshochwasser bei ihrem Versuch ausnutzen wollen. Als die Ebbe einsetzte, waren jedoch erst drei Meter geschafft. Dennoch wurden die Arbeiten fortgesetzt. Das Bergungsschiff suchte sich eine Position, an der die Anker besseren Halt fanden. Danach ging es deutlich schneller voran. Am Abend war die Nordland 1 frei und konnte in den Borkumer Hafen geschleppt werden. Die Bergung wurde von fast 2000 Zuschauern beobachtet. Durch die erfolgreiche Bergung ging das Schiff in den Besitz des Rostocker Bergungsunternehmen über, das es im Internet für 120.000 € zum Kauf anbot. Die Versicherungssumme betrug 400.000 €. Der vorherige Eigner der Nordland 1, die Emder Baustoffhandlung Fritzen hatte das Schiff nach der Strandung aufgegeben. Mit der erfolgreichen Bergung hatte Borkum eine Touristenattraktion und beliebtes Fotomotiv verloren. Am 29. März wurde die Nordland 1 nach Emden geschleppt. Es gab mehrere Kaufinteressenten für das Schiff, es wurde schließlich von der niederländischen Hoeben Metalen B.V aus Kampen erworben. Im Juli traf das Fahrzeug in Kampen ein, wo es verschrottet wurde.

25. Ausblick

Im Januar 2019 zeigte sich erneut, dass der Umgang mit Strandgut bis heute nicht weniger problematisch geworden ist als früher.

Auf der Fahrt von dem portugisischen Hafen Sine nach Bremerhaven verlor das Containerschiff MSC Zoe am 2. Januar im schweren Wetter ca. 345 Container, vermutlich enthielten drei davon Gefahrengut. Das Schiff ist 396 m lang und hat eine Stellplatzkapazität von 19.000 TEU. Ein Teil der Container war etwa 12 Seemeilen nördlich der niederländischen Insel Ameland, ein weiterer Teil etwa 12 Seemeilen nordwestlich von Borkum über Bord gegangen.

Auf einem Containerschiff werden die Container an Deck in sogenannten Cellguides geführt. Untereinander werden die Container über Verbindungsstücke (Twistlocks) miteinander verbunden. Beim Verzurren der Container werden Laschstangen oder Ketten eingesetzt, die an deren Vor- und Rückseite eingehängt und mittels Spannschrauben an Deck gesichert werden.

Die Suche nach den verloren gegangenen Containern gestaltete sich äußerst schwierig, da einige Container gesunken waren und andere zum Teil offen in

MSC Zoe (Havariekommando)

der Nordsee trieben. Deutsche Behörden suchten das Seegebiet mit dem Ölüberwachungsflugzeug Do 228 und mit Hubschraubern der Bundespolizei ab. Für die Sicherung der Container wurden das Wracksuchschiff WEGA, die Mehrzweckschiffe MELLUM und NEUWERK, sowie die Tonnenleger GUSTAV MEYER und NORDEN eingesetzt. Die WEGA suchte mit Sonar gezielt nach gesunkenen Containern. Zudem unterstützt das Bundespolizeiboot BAD BRAMSTEDT sowie das Zollboot BORKUM die Suche. Die Reederei MSC hat ein Bergungsunternehmen mit der Bergung der Container und für die Reinigung der Strände beauftragt. Dafür suchte das Spezialschiff ATLANTIC TONJER das Gebiet um Borkum ab. Unterstützt wurde es dabei von dem Fischkutter MARE FRISCUM, der Treibgut an Bord nahm.

Auf Borkum sind im Laufe des Januars über 250 m^3 Ladungsreste angespült worden (Flachbildschirme, Autoreifen und viele Kunststoffteile).

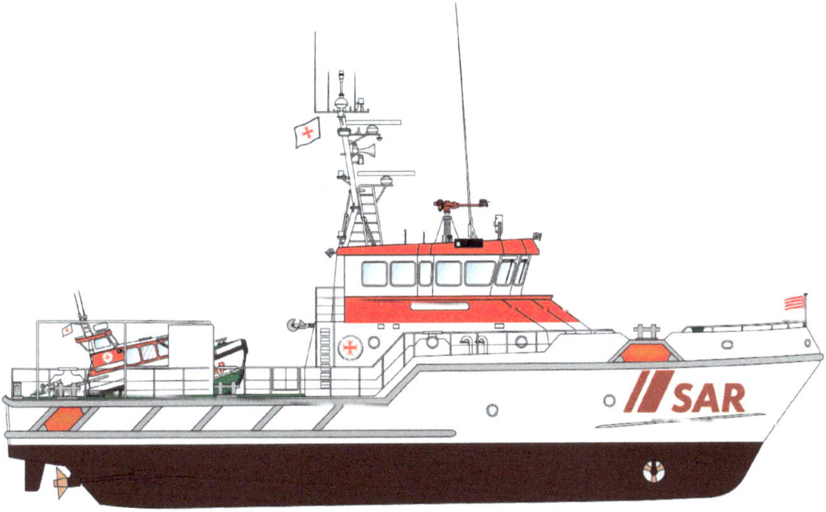

Grafik: Die Seenotretter – DGzRS – Bernd Jocham

Nach über 30 Dienstjahren hat sich die DGzRS entschieden den Seenotrettungskreuzer ALFRIED KRUPP durch einen Neubau zu ersetzen. Dieser soll auf den Namen HAMBURG getauft und 2020 in Dienst gestellt werden. Dieser Name wurde gewählt, da der Neubau durch Erbschaften und Spenden, die zum Großteil aus Hamburg kommen finanziert wird. In der Hansestadt unterstützen 20.000 regelmäßige Spender die Seenotretter und über 900 Sammelschiffchen sind dort stationiert.

Hauptdaten	**Seenotrettungskreuzer**	**Tochterboot**
Länge	27,90 m	8,20 m
Breite	6,20 m	2,90 m
Tiefgang (KWL)	1,95 m	0,80 m
Verdrängung	120,0 t	4,3 t
Geschwindigkeit	24,0 kn	19,0 kn
Reichweite	ca. 600 / 800 sm	

Antriebsanlagen
2 x MTU 16V 2000 M72, je 1.440 kW/1.958 PS, zusammen 2.880 kW/3.916 PS
2 x ZF 5000D Schiffswendegetriebe, Schleichfahrteinrichtung
Bugstrahlanlage, 75 kW/102 PS
Tochterboot: 1 x Steyr SE 236 E40, 170 kW/231 PS

26. Die Beaufort-Skala

Der Wind entsteht als Ausgleichsströmung zwischen Gebieten mit hohem und niedrigem Luftdruck. Die Windstärke wird in der international gebräuchlichen Beaufort-Skala gemessen. Der britische Admiral und Hydrograph Sir Francis Beaufort hat diese 1806 aufgestellt, indem er die Auswirkungen des Windes auf Wasser und Land zusammenfasste.

Windstärke [Beaufort]	Bezeichnung	Geschwin-digkeit [km/h]	Aussehen der Wasseroberfläche	Auswirkungen an Land
0	Stille	weniger als 1	spiegelglatte See	Rauch steigt kerzengerade empor
1	Leiser Zug	2 bis 5	kleine, schuppenförmige Kräuselwellen	Rauch in Windrichtung
2	Leichter Wind	6 bis 12	kleine, kurze Wellen, glasige Kämme	Wind fühlbar, Blätter bewegen sich
3	Schwacher Wind	12 bis 19	Wellen noch klein, vereinzelt Schaumköpfe	Dünne Zweige bewegen sich, Wimpel streckt sich
4	Mäßiger Wind	20 bis 28	Wellen etwas länger, schon verbreitet Schaumköpfe	Zweige und dünne Äste bewegen sich, Staub und Papier werden aufgewirbelt
5	Frischer Wind	29 bis 39	mäßige, längere Wellen, überall Schaumköpfe	kleine Laubbäume beginnen zu schwanken
6	Starker Wind	40 bis 50	Kämme brechen, Schaumflecken bleiben zurück	starke Äste in Bewegung
7	Steifer Wind	51 bis 61	Schaumstreifen legen sich in Windrichtung	ganze Bäume in Bewegung
8	Stürmischer Wind	62 bis 74	ausgeprägte Schaumstreifen, Gischt weht von den Kämmen	Zweige werden abgebrochen, Gehen im Freien erschwert
9	Sturm	75 bis 87	hohe Wellen, dichte Schaumstreifen, viel Gischt	Äste brechen, Dachziegel können abgehobenwerden
10	Schwerer Sturm	88 bis 102	See weiß von Schaum, Sicht durch Gischt herabgesetzt	schwächere Bäume können entwurzelt werden
11	Orkanartiger Sturm	103 bis 117	Wellenkämme werden zu Gischt zerblasen	auch gesunde Bäume können entwurzelt werden, Schäden an Häusern
12	Orkan	118 und mehr	See völlig weiß, Luft voll Schaum und Gischt	schwere Verwüstungen möglich

27. Glossar

Achtern	hinten
Back	der vordere, meist erhöhte Teil eines Schiffes
Backbord	die linke Schiffsseite in Fahrtrichtung
Bark	Segelschiff, dessen vordere Segel quer und die hinteren Segel längs getakelt sind
Beurtschiff	regelmäßig fahrendes Frachtschiff
Brigg	schnelles und wendiges Segelschiff mit zwei Masten
Cockpit	siehe Plicht
Durchkentern	das Wiederaufrichten eines Schiffes nach erfolgter Kenterung
Dwars	quer
Eselshaupt	Verbindungsstück zwischen dem unteren und oberen Teil vom Mast eines Segelschiffes
Faden	englische Maßeinheit in der Seefahrt (1 Faden =1,83 m)
Fuß	engl. Maßeinheit: 1 Fuß = 30,48 cm
Galiot	flachgehendes Segelschiff für die Küstenschifffahrt
Gischt	weißer Schaum, der entsteht, wenn der Wind die Meeresoberfläche aufwühlt
GPS	(Global Position System) Amerikanisches System zur satellitengestützten Navigation
Grundsee	eine große Welle, die sich am ansteigenden Meeresboden aufbaut
Hubertgatt	neben der Westerems eine weitere frühere Einfahrt in die Emsmündung
Hopp	ein breiter Priel und eine ehemalige Landungsstelle der Boote an der Ostseite Borkums
Jakobsleiter	Strickleiter, Fallreep
Knock	die südwestlichste Landecke der Krummhörn (Ostfriesland)
Kümo	Küstenmotorschiff
Lee	die dem Wind abgewandte Seite
Logger	ein Schiffstyp, der vor allem in der Fischerei verbreitet war (Heringslogger)

Luv	die dem Wind zugewandte Seite
Mahlsand	ein lockerer Sandboden, der durch seine Sättigung mit Wasser wenig Tragfähigkeit besitzt, so dass aufgelaufene Schiffe einsinken
Mayday	internationales Notrufsignal im Sprechfunk
MRCC Bremen	(Maritime Rescue Coordination Center) Leitstelle der DGzRS in Bremen
Norddeich-Radio	ehemalige Küstenfunkstelle in Norddeich
Persenning	Plane
Prigge	im Watt werden am Rand eines Priels jedes Frühjahr Birkenstämme zur Kennzeichnung des Fahrwassers 1 bis 1,5 m tief eingespült
Plicht	Steuerstand eines Sportbootes = Cockpit
Ponton	Schwimmkörper ohne eigenen Antrieb
Riemen	Ruder(blatt)
Rollen	die Bewegung eines Schiffes um die Längsachse
SAR	Search and Rescue (Suchen und Retten) Internationale Bezeichnung für Luft- und Seenotrettungsfahrzeuge
Schaluppe	Segelboot mit einem Mast, wurde als Beiboot verwendet
Schlingerkiel	an beiden Schiffsseiten zur Dämpfung der Rollbewegung verlaufende Kiele
Schmackschiff	Küstensegler mit flachem Boden, ähnlich einer Galiot
Schoner	längsgetakeltes Segelschiff
Slippen	das Lösen einer Leine; auch: das Zu- Wasser-Lassen von Booten über eine schiefe Ebene
Steuerbord	die rechte Schiffsseite in Fahrtrichtung
Stampfen	Ein- und Austauchen des Schiffes bei Seegang in Längsrichtung
Tjalk	ein kleiner Frachtsegler für Binnen- und Küstengewässer
Trosse	dickes Drahtseil
Verkehrstrennungsgebiet	eine Seeschifffahrtsstraße mit getrennten Fahrspuren für die Schifffahrt, um Kollisionen zu vermeiden (ähnlich einer Autobahn)
Vormann	Kapitän eines Seenotrettungskreuzers oder eines Rettungsbootes

28. Quellenangabe

[1] Herbert Karting: „Deutsche Schoner", Bd. II, Hauschild Verlag Bremen, 2002

[2] Lübbert Eiken Lübbers: „Ostfrieslands Schiffahrt und Seefischerei", Verlag der H. Laupp'schen Buchhandlung, Tübingen, 1903

[3] Detlev Ellmers: „Frühmittelalterliche Handelsschiffahrt in Nord- und Mitteleuropa", Neumünster 1972, Kataloge der Schiffsfunde, und Karte 2.

[4] Walther Vogel: „Geschichte der deutschen Seeschiffahrt", Bd. 1,Verlag G.Reimer, Berlin, 1915

[5] Karl Herquet: „Die Insel Borkum in kulturgeschichtlicher Hinsicht", 1886, Reprint, Verlag Schuster, Leer, 1991

[6] Tacitus: „Annalen I-VI". Übersetzt, eingeleitet und mit Anmerkungen versehen von Walther Sontheimer (Reclams Universalbibliothek) Stuttgart, 1964

[7] Ernst Friedländer (Hrsg): „Ostfriesisches Urkundenbuch", Bd. 2. Emden, 1880/81

[8] Gregor Ulsamer: „Borkums großer Leuchtturm – Geschichte und Technik", herausgegeben von der Kurverwaltung Borkum, 1979

[9] (wie Anm. 5)

[10] Ebd.

[11] Hans Schweers: „Der Borkumer Dünenexpress" (Schriftenreihe historischer Schienenverkehr Bd. 5) Verlag Schweers + Wall, Aachen, 1991

[12] (wie Anm. 8)

[13] (wie Anm. 5)

[14] Ebd.

[15] Ebd.

[16] Ebd.

[17] Ebd.

[18] Ebd.

[19] Ebd.

[20] Ebd.

[21] Ebd.

[22] Ebd.

[23] Ebd.

[24] Ebd.

[25] Ebd.

[26] Hans Linke: „Die Geschichte der Borkumer Walfängerfamilie Meyer", Ditzen Verlag, Bremerhaven, 1970

[27] Karl Heinz Wiechers: „... und fuhren weit übers Meer" Bd. 2, Verlag Soltau-Kurier, Norden, 1988,

und Karl Herquet: „Die Insel Borkum in kulturgeschichtlicher Hinsicht", 1886, Reprint Verlag Schuster, Leer, 1991

[28] (wie Anm. 26)

[29] Hans Teerling: „Aus Borkums Vergangenheit", herausgegeben vom Heimatverein, Borkum, 1980

[30] (wie Anm. 26)

[31] (wie Anm. 8)

[32] Reg. III. 456 p 38 Stadtarchiv Emden. / Süddeutsche Zeitung für innere Politik, Literatur, Kunst und Gewerbe August 1838 / The Annual Register, or a view of the history and politis of the year 1838 / Ostfriesen Zeitung den 31. August 1838 Ausgabe Nr. 104 / Bremer Zeitung / Londoner Shipping Gazette / Aiko Schmidt

[33] Christian Ostersehlte: „Die deutsche Gesellschaft zur Rettung Schiffbrüchiger", Kabel Verlag, Bremerhaven und Hamburg, 1990

[34] „Vom deutschen Nordseestrande", Weser-Zeitung Bremen Nr. 5236, Sonntag, 30. September 1860

[35] „Ostfriesischer Courier" vom 22.3.1874 (Archiv DSM)

[36] Karl Heinz Wiechers: „… und fuhren weit übers Meer", Bd. 2, Häfen an der Ems, Verlag Soltau-Kurier, Norden, 1988

[37] Kurt Gerdau: „Cimbria. Drama bei Borkumriff", Koehler Verlag, Herford, 1982

[38] Hans Peter Wegmann: „Borkum", Rautenberg Verlag, Leer, 1991

[39] Herman Akkerman: „Meine Erlebnisse im Rettungsboote der Rettungsstation Borkum", Buchdruckerei B. Davids, Emden, o.J.

[40] Ebd.

[41] DGzRS Jahrbuch 1895/96

[42] Arnold Beirich: „Von Borkum und Borkumern", Verlag Gerhard Rautenberg, Leer, 1984

[43] (wie Anm. 39)

[44] DGzRS Jahrbuch 1898/99

[45] (wie Anm. 39)

[46] Gregor Ulsamer: „Feuerschiff Borkumriff – Die interessante Geschichte des Nachrichtenwesens an der Küste“, VDE Verlag, Berlin, 1988

[47] (wie Anm. 39)

[48] (wie Anm. 39)

[49] Reinhard Schnake: „Geschichte der Schleppschiffahrt, Bd.2“ Bugsier Reederei- und Bergungsgesellschaft mbH, Koehler Verlag, Hamburg, 1995

[50] (wie Anm. 46)

[51] (wie Anm. 39)

[52] (wie Anm. 46)

[53] (wie Anm. 39)

[54] Hans-Hermann Diestel: „Schiffe im Sturm“, Hinstorff-Verlag, Rostock, 1990

[55] (wie Anm. 39)

[56] Arnold Kludas: „Die Schiffe der Hamburg-Süd 1871-1951“ Verlag Stalling Maritim, Oldenburg und Hamburg, 1976

[57] (wie Anm. 49)

[58] Arnold Kludas: „Die Geschichte der Passagierschifffahrt“, Bd. 3, Kabel Verlag, Hamburg, 1987

[59] (wie Anm. 39)

[60] (wie Anm. 33)

[61] (wie Anm. 38)

[62] Bernd Anders, Andreas Lubkowitz, Hermann Wende: „Seenotrettung - 125 Jahre DGzRS“, Verlagshaus Die Barque, Hamburg, 1990

[63] „Ditjes um Datjes“ Inselwerbung Borkum, Ausgabe1990

[64] Peter Smidt-Juist: „Das Kreuz von Memmert“, Verlag Alt -Juist, Juist, 2005

[65] (wie Anm. 38)

[66] (wie Anm. 33)

[67] (wie Anm. 62)

[68] (wie Anm. 62)

[69] (wie Anm. 63)

[70] (wie Anm. 62)

[71] Zusammenfassung aus: Katastrophen auf See: „Der Untergang des Dampfers Teeswood“ “ nach Originalberichten erzählt von Fritz Otto Busch, Broschüre der DGzRS

[72] Eigel Wiese: „Die letzte Fahrt“, L & H Verlag, Hamburg, 2005

[73] Kurt Wendel: „Stabilitätseinbußen im Seegang und durch Koksdecklast“, Hansa Verlag, Hamburg, 1954

[74] (wie Anm. 46)

[75] (wie Anm. 62)

[76] (wie Anm. 33)

[77] Hermann Neuber: „Katastrophen auf See: Windstärke 12“, Broschüre der DGzRS

[78] Ebd.

[79] Tim Schwabedissen: „Gestrandet – Schiffsunglücke vor der Nordseeküste“, Köhler Verlag, Hamburg, 2004

[80] Hermann Neuber: „Katastrophen auf See: Das Jahr der Stürme“, Broschüre der DGzRS

[81] Diestel, Hans-Hermann: „Schiffsunfälle der Deutschen Seereederei Rostock“, Hinstorff Verlag, Rostock, 2018

[82] Informationsblatt der Druckerei Manfred Richter, Borkum, vom 23.1.1976

[83] „Ditjes um Datjes“, Inselwerbung Borkum, Ausgabe 1996

[84] DGzRS Jahrbuch 1987

[85] DGzRS Jahrbuch 1988

[86] DGzRS Jahrbuch 1996

[87] Bundesanstalt für Seeunfalluntersuchung, Hamburg, Bericht Nr.138/04

[88] Bundesanstalt für Seeunfalluntersuchung, Hamburg, Bericht Nr. 240/04

29. Danksagung

Mein besonderer Dank gilt Hans-Hermann Diestel, Volker Apfeld, Gregor Ulsamer, Geli Maaß und Christian Stipeldey.

Die drei ausgezeichneten Seenotretter (Archiv Heimatverein)

Wenn auch Sie das Seenotrettungswerk unterstützen wollen, hier das Spendenkonto:

Sparkasse Bremen

IBAN: DE36 2905 01001 0001 0720 16

BIC: SBREDE22

www.seenotretter.de

Volker Apfeld
„Borkum – Festung im Meer“

Das Buch schildert die fast 100jährige Geschichte des Marinestandortes Borkum und zeigt wie sehr die Insel durch das Militär geprägt wurde.

Format 148 x 210, 160 Seiten,
140 Fotos, davon 30 in Farbe
19,80 €
ISBN 978-3-00-05871-1

www.rumeln-maritim.de

Gregor Ulsamer
„Feuerschiff Borkumriff“

Die Geschichte des Seezeichen- und Nachrichtenwesens an der Küste von 1875 bis zu Gegenwart wird am Beispiel der Position „Feuerschiff Borkumriff“ umfassend dargestellt.

Format 148 x 210, 246 Seiten,
220 Abbildungen
21,80 €
ISBN 978-3-00-056887-9

www.rumeln-maritim.de

Jens Bald
„Eisbrecher in Hamburg“

Seit fast 150 Jahren wird der Hamburger Hafen durch Eisbrecher eisfrei gehalten. Neben der technischen Entwicklung der Eisbrecher erfährt der Leser auch viel von der Geschichte des Hamburger Hafens

Format 210 x 265, 96 Seiten
118 Abbildungen
19,90 €
ISBN 978-3-86927-424-9

www.oceanum.de

Dorn Delle
Water Delle
Gr. Bake
Binnen Weide
Bandje Dünen
N. Aussen Weide
S. Aussen Weide
Schlachthaus
Triende
Kievietsdelle
Wolde Dünen
Süd Dünen
Wrack
Süd-Wrack